Vanessa Graf

44 PSYCHOLOGIE TOOLS

für alle Gefühlslagen

INHALT

Hinweis:
Bei Gefühlen geht es oft sehr schnell: Von 0 auf 100 ist das Gefühl in seinem ganzen Ausmaß da. Was tun? – Auf Seite 188 findet du ein Toolregister. Dort erhältst du einen schnellen Überblick, welches Tool ich dir bei den verschiedenen Gefühlen empfehle.

VORWORT

Gefühle nehmen einen zentralen Platz in unserem Leben ein. Alle wichtigen Ereignisse in unserem Leben sind mit Gefühlen verknüpft. Aber nicht nur das. Gefühle beeinflussen unser Denken, unser Handeln, was wir wahrnehmen und wie wir uns entscheiden. Sie dienen uns als innerer Kompass und teilen unserem Verstand mit, worauf er sich konzentrieren soll. Nicht immer nehmen wir unsere Gefühle bewusst wahr, sie sind aber immer da. Oftmals meinen wir, uns bewusst und rational für oder gegen etwas entschieden zu haben, dabei geschehen solche Entscheidungen automatisch, ohne dass wir etwas davon bemerken: Automatisierte Reaktionsmuster helfen uns in einer Welt, in welcher ständig kleine oder größere Entscheidungen getroffen werden müssen, schnell zu reagieren.

ZWEI SEITEN EINER MEDAILLE

Wir können in Trauer versinken, vor Wut ständig an die Decke gehen oder uns vor Angst nichts mehr trauen. Dann können sich Gefühle wie eine Last und durchaus nicht hilfreich anfühlen. Trauer kann uns aber auch helfen, einen Verlust zu begreifen, Wut kann uns anspornen, für unsere Ziele einzustehen, und Angst kann uns vor Gefahr schützen. Die Übergänge zwischen belastend und unterstützend sind fließend.

MISSVERSTÄNDLICHE BOTSCHAFTEN

Nicht immer sind Gefühle funktional oder für eine bestimmte Situation vorteilhaft. So kann es auch passieren, dass wir die Botschaft hinter einem Gefühl missverstehen. Deshalb dürfen wir Gefühle weder ignorieren noch ihnen blind vertrauen. Es geht darum, einen passenden Mittelweg zu finden.

WELCHES SIND DEINE EMOTIONALEN AUSLÖSER?

Wir haben nicht viel Kontrolle darüber, was uns emotional werden lässt. Aber, und das ist viel wichtiger: Du kannst lernen, Einfluss darauf zu nehmen, wie du in einer bestimmten Situation reagierst, wenn plötzlich Gefühle in dir ausgelöst werden. Wesentlich dafür ist es, deine Auslöser zu kennen. Sobald du verstehst, welches deine Auslöser sind, hast du eine größere Chance, etwas an deinem Umgang mit unangenehmen Gefühlen zu ändern. Diese zu identifizieren ist manchmal gar nicht so einfach und braucht Zeit und Geduld.

Ich bin selbst kein sehr geduldiger Mensch, doch glaube mir bitte, hier ist es wirklich wichtig, dass du dir Zeit nimmst. Es ist kein Sprint, sondern ein Marathon. Doch du kannst gewiss sein, dass sich deine Geduld lohnt: Du wirst während dieses Marathons lernen, nicht mehr so zu reagieren, dass du es im Nachhinein bereust. Zunächst wird es nicht immer funktionieren, aber immer öfter.

WOBEI DIR DAS BUCH HELFEN KANN

Vielleicht hast du zu diesem Buch gegriffen, weil es dir – wie vielen anderen Menschen – schwerfällt, die emotionalen Signale deines Körpers richtig wahrzunehmen und zu deuten. Vielleicht gehörst du auch zu denjenigen Menschen, die oftmals von ihren Gefühlen überflutet werden und damit überfordert sind. Wenn du meinst, dass einige der folgenden Aussagen auf dich zutreffen, wirst du in diesem Buch zahlreiche Antworten und direkte Hilfestellungen für dich finden.

- Du fühlst dich oft deinen Gefühlen ausgeliefert.
- Deine Gefühle überrollen dich manchmal aus dem Nichts.
- Du reagierst immer mal wieder höchst impulsiv.
- Deine Gefühle blockieren dich in gewissen Bereichen deines Lebens.

Ich möchte dich dabei unterstützen, deine Gefühle besser wahrnehmen zu können, empfindsamer für die emotionalen Vorgänge in dir zu werden und mit deinen unangenehmen Gefühlen umzugehen, vor allem dann, wenn sie dich wie aus dem Nichts treffen. Dazu dienen dir vorab wesentliche Informationen über unsere Gefühle und anschließend 44 Tools sowie Erläuterungen zu ihrer Wirkung. Probiere sie aus und finde die für dich passenden Tools heraus, denn so unterschiedlich Menschen sind, so unterschiedlich sind die Reaktionen auf die einzelnen Tools.

WIE DIE TOOLS FUNKTIONIEREN

Die Übersicht zu jedem Tool gibt dir Auskunft über die Art, die Anwendung und die Dauer sowie darüber, welche Körperebene einbezogen wird und ob die Anwendung kurz- oder langfristig wirksam ist.

Kurzfristig wirksame Tools helfen dir in der aktuellen Situation. Langfristige wirken meistens nicht akut, aber in verschiedenen herausfordernden Situationen, sofern du das Tool immer mal wieder anwendest und einübst.

Kombiniere kurz- und langfristig wirksame Tools miteinander, um die Wirkung zu verstärken und deine gewünschten Veränderungen schneller zu erreichen.

WICHTIGE HINWEISE

Höre bitte auf deinen Körper: Solltest du dich bei einem Tool unwohl, überfordert oder nicht gut fühlen, dann brich das Üben bitte ab oder führe es im Beisein einer Vertrauensperson durch.

Es kann sein, dass ein Tool zunächst keine Wirkung zeigt. Gib ihm eine zweite und auch dritte Chance, denn es kommt oft vor, dass man so stark darauf konzentriert ist, die Übung richtig durchzuführen, dass die Wirkung dann nicht eintritt. Indem du die Übung wiederholst, kann das Tool verankert werden.

Was Gefühle sind

Auf wissenschaftlicher Ebene kann die Frage, was Gefühle sind, nicht abschließend beantwortet werden. Doch ohnehin geht es für dich beim Fühlen ja nicht um Wissenschaft, sondern darum, was du wahrnimmst und fühlst.

Jedes Gefühl hat seinen Grund.
Diesen gilt es, herauszufinden.

Wenn du dich freust, wenn du verärgert bist oder auch wenn du traurig bist, fühlst du das. Es geschieht nichts, ohne dass Gefühle daran beteiligt sind. Sie beeinflussen dein Denken, die Entscheidungen, die du triffst, und somit auch dein Handeln. Sie sind dein wichtigster Wegweiser in einer Welt, in der viele und vor allem schnell Entscheidungen getroffen werden müssen.

ANGENEHME UND UNANGENEHME GEFÜHLE

Es wird unterschieden zwischen angenehmen und unangenehmen Gefühlen. Ich wähle hier bewusst die Wörter »angenehm« und »unangenehm», weil die Wörter »positiv« und »negativ« eine wertende Note haben. Doch kein Gefühl ist gut oder schlecht. Jedes Gefühl hat seine Ursache, seinen Grund, seinen Auftrag.

WARUM WIR GEFÜHLE HABEN

Deine Gefühle sind dein Kompass, im Inneren sowie im Außen. Sie informieren dich über Ereignisse, die für dich bedeutsam sind und die deine Aufmerksamkeit benötigen. Sie helfen dir, Informationen wahrzunehmen und zu verarbeiten sowie der Situation entsprechend zu handeln und zu kommunizieren, meistens so, dass niemand zu Schaden kommt.

SECHS WICHTIGE FUNKTIONEN VON GEFÜHLEN

- Sie sichern dein Überleben, indem sie dich blitzschnell zum Reagieren bringen.
- Sie informieren dich über deine Bedürfnisse.
- Sie regen dich zum Handeln an, um deine Bedürfnisse zu befriedigen beziehungsweise zu schützen.
- Sie unterstützen dich dabei, Entscheidungen zu treffen.
- Sie helfen dir, neue Erfahrungen und Erinnerungen abzuspeichern und diese auch wieder rekonstruieren zu können.
- Sie regulieren Beziehungen zu anderen Menschen.

Wäge stets gut ab, ob du deinen Gedanken und Gefühlen Glauben schenken darfst. Sie entsprechen nicht immer der Realität!

WAS GEFÜHLE AUSLÖST

Jeder Mensch reagiert anders auf Situationen. Manche sind gefühlsbetonter als andere, sind nah am Wasser gebaut und nehmen jegliche Schwingung wahr. Vielleicht kommt dir das bekannt vor. Man kann aber auch je nach Tageszeit, Stimmungslage und sogar Wetter emotionaler oder weniger emotional reagieren.

ANGEBOREN ODER ERLERNT

In der Forschung geht man davon aus, dass ein Teil der Gefühlsauslöser angeboren, also evolutionär bedingt ist, und deshalb die meisten Menschen auf diese Auslöser emotional reagieren. Andere Auslöser sind erlernt. Darauf reagieren nicht alle Menschen.

Jeder Mensch hat individuelle Auslöser und evolutionär bedingte Auslöser, auf die er emotional reagiert. Ausnahmen bestätigen die Regel.

REIZ = GEFÜHL

Gefühle werden immer durch einen Auslöser, also einen Reiz, ausgelöst. Diese können im Außen (eine bestimmte Situation, Person usw.) oder im Innen (Erinnerung, inneres Bild, Gedanken, ein anderes Gefühl) ihren Ursprung haben.

SECHS KATEGORIEN VON AUSLÖSERN

- **Automatische Bewertungssysteme:** Du bist zum Beispiel mit dem Auto unterwegs, möchtest links abbiegen und nimmst ein dir entgegenkommendes Fahrzeug wahr. Dein Körper wird die Situation automatisch bewerten und reagieren.
- **Gefühl durch Interpretation:** Du befindest dich beispielsweise in einer mehrdeutigen Situation, verlässt diese und fängst dann an, über die Situation nachzudenken. Dadurch gelangst du zu einer Interpretation und einem dazugehörigen Gefühl.
- **Zurückliegende Ereignisse:** Wenn Ereignisse emotional belastend oder sehr intensiv waren, kann dies Gefühle auslösen. Diese Erinnerungen können beispielsweise durch Klänge und Düfte ausgelöst werden.
- **Unsere Fantasie:** Du kannst lernen, in deiner Fantasie Szenen entstehen zu lassen, die dich emotional berühren und emotional werden lassen.
- **Gefühle anderer:** Wenn du eine emotionale Reaktion (oftmals bei Wut oder Trauer) einer anderen Person wahrnimmst, kann auch dies Gefühle in dir auslösen.
- **Erlernte Gefühlsreaktion:** Wie – mit welchem Gefühl und in welcher Intensität – du auf bestimmte Gegebenheiten reagierst, wird dir auch durch deine Erziehung und Kultur vermittelt.

GEFÜHLE UND EMOTIONEN SIND NICHT DASSELBE

In der Alltagssprache, aber auch in vielen Fachbüchern werden diese beiden Begriffe gleichbedeutend verwendet. Doch es handelt sich um unterschiedliche Dinge und es ist wichtig, diese auch zu unterscheiden. Deshalb möchte ich dir im Folgenden die Begrifflichkeiten Gefühle, Emotionen und zudem Stimmung näherbringen. Dafür habe ich mich an den Definitionen des Emotionsforschers Robert Plutchik (1927–2006) orientiert.

EMOTIONEN

Eine Emotion bezieht sich in der Regel auf etwas Bestimmtes. Du hast Angst vor etwas, du freust dich auf etwas, du trauerst um etwas usw. Dieses »Etwas« muss nicht im Außen existieren, sondern du kannst es dir auch lediglich in deinem Kopf vorstellen, wie zum Beispiel einen künftigen Zahnarzttermin oder die Erinnerung an ein Ereignis. Beides kann emotionale Reaktionen herbeiführen.

Eine Emotion besteht aus vier Komponenten:

- Körperliche Reaktion
- Gefühle
- Gedanken
- Verhalten

GEFÜHLE

Ein Gefühl ist eine Komponente einer Emotion. Es handelt sich um den Teil, den du fühlst und der somit subjektiv ist. Also kannst du zwar dein Gefühl beschreiben, aber nur du allein weißt, wie es sich für dich anfühlt. Gefühle sind mit dem Denken verbunden und werden durch frühere Lebenserfahrungen, Vorstellungen und Bewertungen beeinflusst. Je nachdem, wie du eine Situation (oft unbewusst) bewertest, fühlst du. Welche Gefühle du in einer bestimmten Situation hast, hängt also zu einem großen Teil von deiner eigenen Interpretation und Bewertung ab.

STIMMUNG

Die Stimmung stellst du dir am besten vor wie das Wetter. Es kann heiter oder bewölkt sein und alles davor, dazwischen und danach. Deine Stimmung wird nicht zwingend durch bestimmte Gedanken, Situationen oder Personen beeinflusst, sondern es kann auch sein, dass du morgens einfach mit einer bestimmten Stimmung aufwachst, ohne dass es für diese einen wirklich erklärlichen Grund gibt. Im Gegensatz zu einer Emotion ist die Stimmung von geringer Intensität, hält aber meist länger an.

Das Problem mit der Stimmung ist: Aufgrund einer bestimmten Stimmungslage können wir anfälliger für intensivere Gefühle sein. Wenn du dich beispielsweise niedergeschlagen fühlst, kann auch Traurigkeit oder Verzweiflung aufkommen.

ANGEBOREN ODER ERLERNT?

Da Gefühle subjektiv und von außen nicht beobachtbar sind, müssen wir uns zur Beantwortung der Frage, ob Gefühle angeboren oder erlernt sind, eine Komponente der Emotionen zur Hilfe nehmen: die körperliche Reaktion.

Gefühle entstehen aus einem Zusammenspiel mehrerer Faktoren.

Bezieht man sie mit ein, beantwortet die Forschung die Frage wie folgt: Gefühle sind weder angeboren noch erlernt, sondern es gibt ein Zusammenspiel zwischen Genen und Umwelt.

DAS SPRICHT FÜR ANGEBOREN

- Indem man Neugeborenen unmittelbar nach der Geburt eine süße und dann eine bittere Lösung auf die Zunge geträufelt hat, konnte beobachtet werden, dass sie bereits in diesem Alter emotionale Reaktionen zeigten.
- Die Gesichtsausdrücke von blind geborenen Kindern bei Freude, Angst, Traurigkeit, Ekel, Ärger und Überraschung ähneln den Gesichtsausdrücken von sehenden Kindern.
- Bestimmte emotionale Gesichtsausdrücke werden nicht nur in der eigenen Kultur, sondern auch in fremden Kulturen erkannt.

DAS SPRICHT FÜR ERLERNT

- Je nachdem, in welcher Kultur jemand aufgewachsen ist, werden in bestimmten Situationen andere emotionale Reaktionen gezeigt. So lernen wir durch unsere Bezugspersonen, in welcher Situation welches Gefühl in welcher Intensität angebracht ist. So sind beispielsweise die Reaktionen von Angehörigen einer verstorbenen Person bei der Beerdigung in eher südlichen Regionen im Vergleich zu nördlichen Regionen recht unterschiedlich.
- Es konnten Geschlechterunterschiede im Gefühlsausdruck im Vorschulalter beobachtet werden. So zeigen Mädchen eher internalisierende (nach innen gerichtete) Gefühle wie Traurigkeit, Angst, Scham und Mitleid, wohingegen Jungen eher externalisierende (nach außen gerichtete) Gefühle wie Ärger, Verachtung und Ekel zeigen.

GENE UND UMWELT

Deine Gefühle werden also durch deine Gene und deine Umwelt, aber auch durch dein eigenes Erleben und Verhalten geformt. Das ist eine gute Nachricht, weil dies bedeutet, dass du deinen Gefühlen nicht ausgeliefert bist, sondern aktiv etwas an deinem Gefühlserleben ändern kannst. Das bedeutet nicht, dass sich nun von heute auf morgen alles um 180 Grad drehen muss. Solche Veränderungen dürfen auch Schritt für Schritt erfolgen.

EINE GROSSE, BUNTE PALETTE VON GEFÜHLEN

Wie viele Gefühle gibt es eigentlich? Je nachdem, welche Forschenden man zu welchem Zeitpunkt fragen würde, erhielte man eine andere Antwort. Deshalb kann auch ich es nicht abschließend beantworten. Eine Orientierung kann ich dir jedoch mit auf den Weg geben.

FÜNF KATEGORIEN VON GEFÜHLEN

Die Gefühle, die uns täglich oft begegnen, werden im Folgenden in vier beziehungsweise fünf Kategorien unterteilt:

- **Freude:** begeistert, dankbar, freudig, gerührt, glücklich, leidenschaftlich, stolz, übermütig, zufrieden, zuversichtlich
- **Angst:** ängstlich, angespannt, besorgt, nervös, reuig, schuldig, unsicher, unterlegen, verlegen
- **Wut:** abgeneigt, eifersüchtig, wütend, missmutig, misstrauisch, neidisch, ungeduldig, verachtend, verärgert, widerwillig, zornig
- **Trauer:** besorgt, bestürzt, deprimiert, einsam, entmutigt, enttäuscht, gekränkt, hilflos, leer, leidend, niedergeschlagen, traurig, verzweifelt, verletzt
- **Sonstige:** angeekelt, erschöpft, gelassen, neugierig, skeptisch, überfordert

DIE BEGRIFFE ANGST, WUT UND TRAUER IN DIESEM BUCH

Die Einteilung der Gefühle in Kategorien soll dir die Arbeit mit diesem Buch erleichtern. Die fünfte Kategorie wurde erstellt, weil einige Gefühle keiner der vier Kategorien sinnvoll zugeordnet werden können. Selbstverständlich ist die Auflistung der Gefühle nicht vollständig; viele andere Gefühle können den Kategorien zugeordnet werden.

Du wirst zu den Kategorien Angst, Wut und Trauer Informationen, Erklärungen und Tools zum Umgang mit deinen Gefühlen finden. Wenn also im Folgenden beispielsweise »Wut« steht, dann handelt es sich um die Gefühle aus der Kategorie »Wut«.

Bei Angst, Wut und Trauer handelt es sich um Gefühle, die uns häufig zu schaffen machen. Vielleicht haben wir keinen geeigneten Umgang mit diesen Gefühlen erlernt oder es fällt uns aufgrund negativer Erfahrungen schwer, sie als hilfreich zu erleben. Dann wird das Ziel der Gefühle, ein bestimmtes Bedürfnis zu befriedigen, verfehlt. Diese Bedürfnisse zu erkennen und die passenden Gefühle dazu zu erleben, gilt es (wieder) zu erlernen.

Einige Tools kannst du bei Gefühlen aus zwei oder sogar allen drei Kategorien anwenden, da es beim Erleben einiger Gefühle und also auch bei der Wirkung der Tools Überschneidungen gibt. Wende ein Tool nicht nacheinander bei verschiedenen Gefühlen an, sondern lasse ein wenig Zeit verstreichen. Dadurch unterstützt du deinen Körper, dich bei einem bestimmten Gefühl an eine bestimmte Übung zu erinnern.

TOOL #1

BIS INS KLEINSTE DETAIL

ANGST

WUT

Dauer: 5 Minuten
Strategie: Aufmerksamkeitskontrolle (Achtsamkeit)
Wirksamkeit: kurz- und langfristig
Körperebene: Sinne und Gedanken

MACH DAS, WENN …

Wenn du jemand bist, der oftmals überstürzt handelt, hilft dir dieses Tool, mehr Kontrolle über deine Reaktionen zu erlangen, um in kritischen Momenten ruhiger und reflektierter zu handeln.

SO GEHT'S

- Wähle ein Objekt in deiner Umgebung aus, auf das du dich nun konzentrieren möchtest.
- Setze dir einen Timer auf fünf Minuten und lenke deine ganze Aufmerksamkeit auf das ausgewählte Objekt.
- Schaue es dir ganz genau an und versuche, alles bis ins kleinste Detail wahrzunehmen.
- Schließe nun deine Augen und versuche, das Objekt in Gedanken zu beschreiben:
- Wie sieht es aus?
- Wie groß ist es?
- Wie ist es geformt?
- Welche Farbe oder Farben hat es?
- Wie fällt das Licht darauf?
- Wie fühlt es sich an?
- Hat es unterschiedliche Texturen?
- …

Solltest du gedanklich abschweifen, ärgere dich nicht. Das ist zu Beginn normal. Richte einfach deine Aufmerksamkeit erneut auf das Objekt.

TOOL #2

WAS ICH FÜHLE

ANGST WUT TRAUER

Dauer: 15–30 Minuten
Strategie: Aufmerksamkeitskontrolle (Imagination)
Wirksamkeit: kurz- und langfristig
Körperebene: Sinne und Gedanken

MACH DAS, WENN …

Wenn du damit beginnst, dich eingehender mit deiner Gefühlswelt auseinanderzusetzen, fällt es dir möglicherweise schwer, ein bestimmtes Gefühl zu erkennen. Ist es ein Gefühl der Angst? Oder der Wut? Oder der Trauer? Welches ist es genau? Dann kann es hilfreich sein, dein Gefühl visuell darzustellen. Zudem kannst du dabei dein Gefühl niederschwellig ausleben.

SO GEHT'S

- Zeichne auf ein Blatt Papier einen Baum.
- Versuche, deine Gedanken dabei, so gut es geht, auszuschalten. Zeichne einfach drauflos. Vielleicht fällt es dir zunächst schwer, zu beginnen, aber je länger du daran bist, desto leichter wird es dir fallen.
- Wähle die Farben, Formen und Schattierungen, die dir jetzt gerade in den Sinn kommen.
- Was für ein Gefühl könnte dieser Baum darstellen?
- Nimmst du durch das Zeichnen eine Veränderung (körperlich, gedanklich usw.) wahr? Falls ja, welche? Du kannst dir Notizen machen, um sie später – wenn du die Übung wiederholst – zu vergleichen.
- Nimmst du keine Veränderung wahr oder hast du Mühe, das Gefühl einzuordnen, lege eine kurze Pause ein und lasse das Tool wirken. Schaue beispielsweise einige Minuten aus dem Fenster und widme dich dann erneut der Übung.

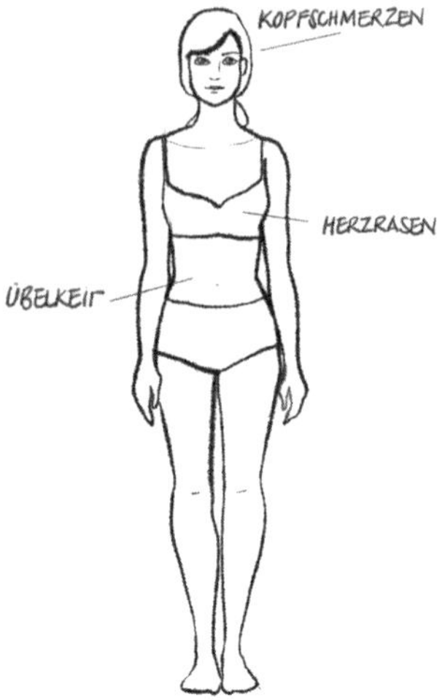

Je nachdem, um welches Gefühl es sich handelt, nehmen wir andere körperliche Reaktionen wahr. Zu wissen, wie dein Körper bei welchem Gefühl reagiert, kann dir helfen, das Auftreten eines Gefühls frühzeitig zu erkennen und entsprechend zu handeln. Je mehr du also über deine Gefühle Bescheid weißt, desto leichter wird dir der Umgang mit ihnen fallen. Führe die folgende Basis-Übung am besten jetzt, bevor du im Verlauf des Buches mehr über die einzelnen Gefühle erfahren wirst, einmal durch.

MEIN KÖRPER – MEINE SIGNALE

Erstelle für die Gefühle Angst, Wut und Trauer eine Liste mit deinen körperlichen Reaktionen. Achte auf kleine körperliche Unterschiede in deiner Wahrnehmung. Nimm dir für diese Übung ausreichend Zeit.

Statt deine körperlichen Reaktionen zu den drei Gefühlen aufzulisten, kannst du eine menschliche Silhouette skizzieren und deine körperlichen Reaktionen wie in dem obenstehenden Beispiel an den entsprechenden Stellen notieren.

KURZ UND KNAPP

- Gefühle stellen deinen inneren Kompass dar und helfen dir, in unserer Welt zurechtzukommen, indem sie deine Aufmerksamkeit auf relevante Dinge richten.
- Emotionen bestehen aus vier Komponenten. Gefühle stellen eine dieser Komponenten dar.
- Emotionen werden von außen wahrgenommen, Gefühle nicht.
- Es gibt eine große Anzahl an Gefühlen. Man unterscheidet zwischen angenehmen und unangenehmen Gefühlen.
- Emotionen und Gefühle halten im Vergleich zur Stimmung eher kurz an, sind dafür stärker in ihrer Intensität.
- Gefühle beziehungsweise Emotionen sind zum Teil vererbt, also angeboren, und zum Teil durch unser Umfeld (durch unsere Bezugspersonen, Kultur usw.) erlernt.
- Es gibt unterschiedliche emotionale Auslöser. Solche, die im Außen sind, und solche, die durch unsere bloße Vorstellung entstehen.

Angst – das Gefühl, das dich schützt

Angst versetzt dich in Alarmbereitschaft und kann dich darauf vorbereiten, im Falle einer realen Gefahr zu fliehen oder zu kämpfen (Englisch: flight or fight). Angst kann dich auch lähmen (du erstarrst, Englisch: freeze) und ist manchmal kaum zu ertragen. Je nachdem, ob die Bedrohung unmittelbar stattfindet oder erst in Zukunft (möglicherweise) eintreten wird, reagiert dein System. Es hat eine Hauptfunktion: dich zu schützen.

UNMITTELBARE BEDROHUNG

Wenn die Bedrohung unmittelbar stattfindet, dann zeigt dein Verhalten eher eine Auseinandersetzung mit der Gefahr (Flucht, Kampf oder Erstarren) und deine Schmerzempfindlichkeit wird herabgesetzt. Es ist also eine nützliche körperliche Reaktion, die dir beim Überleben helfen soll.

BEVORSTEHENDE (MÖGLICHE) BEDROHUNG

Die Angst vor einer bevorstehenden (möglichen) Bedrohung führt zu einer erhöhten Muskelanspannung, die Schmerzempfindlichkeit wird erhöht. Die am stärksten überwältigende und lähmende Angst empfinden wir, wenn wir nichts tun können und daher auch nicht damit beschäftigt sind, mit einer vor uns liegenden Gefahr fertigzuwerden.

WODURCH ANGST AUSGELÖST WIRD

Vielleicht fragst du dich manchmal, warum du dich vor so vielen Dingen fürchtest, andere Menschen jedoch nicht. Dafür gibt es eine Erklärung:

*Wir können lernen,
uns vor fast allem zu fürchten.*

Selbst vor Dingen, die nicht wirklich eine Gefahr darstellen. Das sehen wir bereits bei Kleinkindern, die sich beispielsweise oft vor dem Inneren eines dunklen Kleiderschranks oder dem Etwas im Dunkeln unter dem Bett fürchten.

UNIVERSELLE AUSLÖSER DER ANGST

Es gibt aber auch sogenannte »universelle« angstauslösende Dinge, die angeboren sind. Dazu gehören beispielsweise der Anblick einer Schlange oder die bloße Vorstellung, an einer zehn Meter hohen Wand hochzuklettern und dann herunterzuschauen.

Es gibt jedoch auch Menschen, die keine Angst vor Schlangen haben oder die in beträchtlicher Höhe arbeiten können, ohne einen Hauch von Angst zu verspüren. Das zeigt wiederum, dass wir die Angst vor gewissen Dingen auch »verlernen« können.

GEDANKE = REAKTION

Unser Gehirn kann nicht unterscheiden, ob es sich um einen realen Reiz, also eine reale Gefahr in der Umwelt, oder lediglich einen angstauslösenden Gedanken handelt. Aus diesem Grund wird dein Körper bei solchen Gedanken so reagieren, als wäre tatsächlich eine Gefahr vorhanden.

> **FAKTEN-CHECK**
> Unsere Gedanken lösen häufig Fehlalarme aus. Je nachdem, wie du darauf reagierst, wirst du dich schnell wieder beruhigen oder eben nicht. Stelle dir bei einem angstauslösenden Gedanken folgende Fragen: Kann ich mir sicher sein, dass dieser Gedanke zu 100 Prozent wahr ist? Verwechsle ich diesen Gedanken mit einem Fakt? Was wäre eine andere mögliche, vielleicht sogar realistischere Erklärung?

DEN GEDANKENGANG UNTERBRECHEN

Indem du deine Gedanken mit der Realität vergleichst, handelst du nicht »im Affekt«, sondern verschaffst dir die Möglichkeit, die Situation rational einzuschätzen. Je öfter du dich in einem angstauslösenden Gedankengang unterbrichst und dir genau solche Fragen stellst, desto einfacher und schneller wird dir die Unterbrechung zukünftig gelingen und desto schneller wirst du dich beruhigen können.

DEINE ANGST WILL DIR ETWAS MITTEILEN

Hast du dir schon einmal Gedanken darüber gemacht, warum eine Angst aufgekommen ist und was sie dir mitteilen wollte? Hast du deiner Angst erlaubt, da zu sein, hast du sie ausgelebt? Oder hast du sie sofort weggeschoben und versucht, sie zu unterdrücken? Denkst du nun »Mist, erwischt!«, lies bitte besonders aufmerksam weiter.

WENN DU DEINE ANGST IGNORIERST, WIRD SIE STÄRKER

Vielleicht meinst du: »Angst ist unangenehm, warum sollte ich ihr erlauben, da zu sein?« Die Antwort lautet: Je stärker du deine Angst von dir stößt, desto mehr wird sie an Kraft gewinnen. Durch das Unterdrücken verschwindet die Angst leider nicht, sondern kommt oft später mit noch stärkerer Wucht zurück. Versuche daher, deiner Angst gut zuzuhören und herauszufinden, was sie dir mitteilen möchte.

DEIN KÖRPER MÖCHTE DICH BESCHÜTZEN

Die Hauptfunktion der Angst ist, dein Überleben zu sichern, indem sie dich vor (möglichen) Bedrohungen schützt. Sie erinnert dich also daran, dass dein Bedürfnis nach Sicherheit in diesem Moment nicht ausreichend befriedigt ist.

Durch Angst versucht dein Körper, dich vor Gefahren zu schützen. Manchmal wird er dabei überfürsorglich. Sei ihm dankbar, versuche ihm jedoch auch zu zeigen, dass du in Ordnung und in Sicherheit bist.

DEIN KÖRPER SCHICKT DIR WARNSIGNALE

MÖGLICHE KÖRPERLICHE REAKTIONEN

- Du atmest flach.
- Du hast Herzpochen beziehungsweise -rasen.
- Du hast einen beschleunigten Puls.
- Du fühlst dich nervös.
- Du hast ein Zittern, Kribbeln, Juckreiz.
- Du schwitzt beziehungsweise hast Hitzewallungen.
- Du hast einen trockenen Mund.
- Deine Muskeln sind angespannt oder verspannt.
- Du hast einen verkrampften Kiefer.
- Du hast Kopfschmerzen.
- Du hast Verdauungsprobleme oder gehst häufig auf die Toilette.
- Deine Beine werden eher warm, deine Hände kalt.

MÖGLICHE GEDANKEN

- »Ich muss hier weg.«
- »Ich kann/schaffe das nicht.«
- »Alle schauen mich an.«
- »Es soll endlich vorbeigehen.«
- »Was wäre, wenn …«
- »Ich werde gleich ohnmächtig.« …

MÖGLICHES VERHALTEN

Angst kann dich lähmen oder mobilisieren (Erstarren, Flucht oder Kampf). In der Regel wirst du versuchen, die Situation zu vermeiden, also zu fliehen. Du bewegst dich weg vom Reiz – von der möglichen Gefahr. Wenn es sich nicht um eine akute Gefahr handelt, wirst du vielleicht nervös und unruhig, kannst nicht still sitzen, wirst schreckhaft oder weinst, oder du lenkst dich ab, schiebst Dinge hin und her. Vielleicht versuchst du, deine Angst mit ungesunden Strategien wie zum Beispiel Alkohol oder übermäßigem Essen ruhigzustellen.

GIB DIR EINE SORGENZEIT

Gedanken lösen Gefühle aus. Wenn du dir beispielsweise ständig Sorgen um eine bestimmte Sache machst, wird dein Körper die entsprechenden Reaktionen auslösen. Das kann dazu führen, dass du unter Dauerstress gerätst. Eine Möglichkeit ist nun, deine »Sorgenzeit« einzugrenzen: Du kannst eine bestimmte Uhrzeit und Dauer mit dir selbst vereinbaren, wann und wie lange du dir Sorgen über diese bestimmte Sache machen »darfst«. Außerhalb dieser Sorgenzeit versuchst du, die Sorgen von dir weg – beziehungsweise in den Hintergrund zu schieben. Passende Tools dafür wirst du in diesem Buch kennenlernen (siehe zum Beispiel Tool 11). Das heißt aber nicht, dass du sie für immer dorthin schieben sollst, sondern nur für eine bestimmte Zeit, bis du dich ihnen widmest.

WAS BEI ANGST IN DEINEM GEHIRN GESCHIEHT

Zu wissen, was bei Angst in deinem Gehirn passiert, kann dir helfen, gewisse Dinge besser nachzuvollziehen und damit auch verständnisvoller mit dir selbst zu sein.

Du kannst lernen, wann der richtige Moment gekommen ist, um etwas an deinen Gefühlen zu verändern.

Es ist dir möglich, in deine Gefühlswelt einzugreifen, da Reize auf zwei Wegen verarbeitet werden.

WENN ES SCHNELL GEHEN MUSS: SCHNELLER WEG

Beim schnellen Weg wird der Reiz wahrgenommen und über den Thalamus direkt zur Amygdala weitergeleitet. So wird er in kürzester Zeit verarbeitet und es wird eine bestimmte emotionale Reaktion ausgelöst. Die Amygdala wird aktiviert, noch bevor dir bewusst wird, dass es etwas gibt, wovor du dich fürchten müsstest. In gewissen Situationen macht das Sinn. Ein Beispiel: Du überquerst gerade in aller Ruhe die Straße und plötzlich nimmt dein Gehirn auf der linken Seite einen Reiz wahr: Ein Auto rast auf dich zu. Du springst aus dem Weg und bist gerettet.

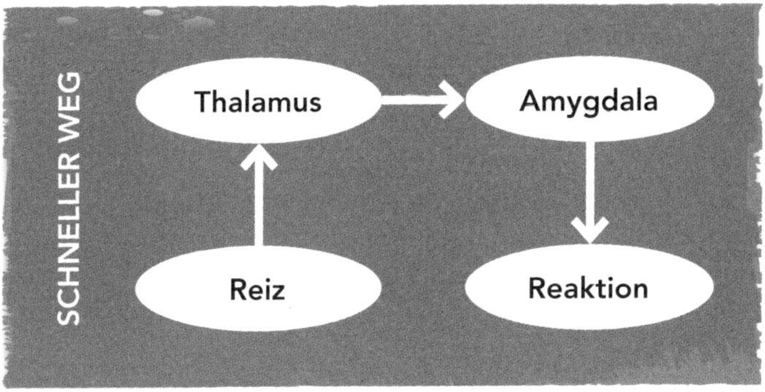

Thalamus: Man nennt ihn »das Tor zum Bewusstsein«, da er alle Sinneseindrücke und Informationen aus der Umwelt sammelt, verarbeitet, filtert und dann weiterleitet – wenn er eine Information oder einen Eindruck als wichtig empfindet.

Amygdala: Die Amygdala erhält vom Thalamus eine grobe »Skizze« der Situation, um schnell einschätzen zu können, ob ein Reiz schädlich oder nützlich für dich ist. Um gefährliche Dinge erkennen zu können, greift sie auf Erfahrungen zurück.

Reaktion: Dein Körper bereitet sich darauf vor, mit der Bedrohung fertigzuwerden. Du bemerkst möglicherweise eine schnellere und flachere Atmung, die dabei helfen soll, den Sauerstoffgehalt in deinem Körper zu erhöhen. Dein Herz wird schneller schlagen. Deine Muskeln sind angespannt und der Großteil deiner Energie wird umgeleitet in deine Beine. All dies passiert, noch bevor dir bewusst wird, dass du Angst hast.

WENN MAN SICH ZEIT LASSEN KANN: LANGSAMER WEG

Bei jeder Bedrohung wird auch ein zweites, langsameres Signal an dein Gehirn gesendet, und zwar an deinen präfrontalen Kortex. Dieser bewertet den Reiz ausgiebig und entwickelt eine passende Reaktion, regelt die Intensität der Reaktion und des Gefühls. Wenn die Situation als »Keine Bedrohung« eingeschätzt wird, wird dies sofort rückgemeldet. Wie du siehst: Welches Gefühl bei einer bestimmten Situation entsteht, hängt entscheidend auch davon ab, wie die Situation (teilweise unbewusst) von dir bewertet wird.

Präfrontaler Kortex: Er wägt ab, welche Konsequenzen bestimmte Handlungen mit sich ziehen, steuert und plant unser Handeln, auch wenn diese Handlungen erst in der Zukunft liegen, und hilft uns beim Problemlösen.

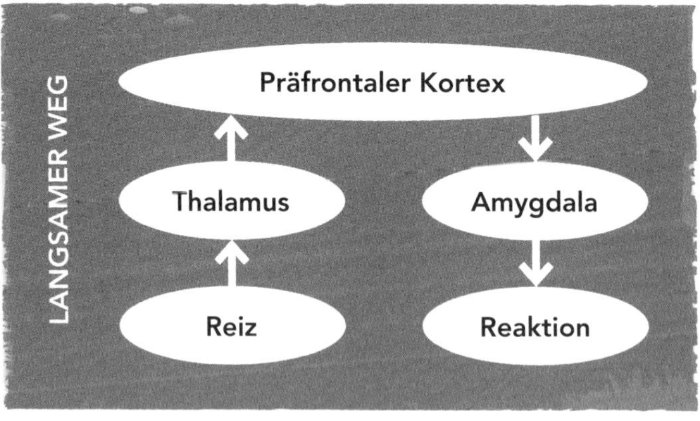

SCHNELLER UND LANGSAMER WEG: EIN BEISPIEL

Du öffnest die Schlafzimmertür und siehst, wie ein dunkles kleines »Ding« am Boden davonhuscht. Dein Herz pocht plötzlich ganz schnell, deine Beine tragen dich in Windeseile aus diesem Zimmer, du schlägst die Türe hinter dir zu, dir ist ganz flau im Bauch geworden. Du hast reagierst, ohne nachzudenken.

Das ist der Weg des schnellen Signals. Die Amygdala hat deinem Körper mitgeteilt, dass eine möglicherweise gefährliche Spinne auf dem Boden herumläuft und du deswegen sofort fliehen musst.

Als du die Türe langsam noch einmal öffnest, bewaffnet mit einem Staubsauger, erkennst du, dass es doch nur ein Fussel war, der durch einen leichten Windstoß, der aufgekommen war, als du die Tür öffnetest, weggefegt worden war. Dein Herz und auch du selbst beruhigen sich allmählich.

Das ist der langsame Weg. Du hast ein paar Sekunden gebraucht, um zu erkennen, dass keine Gefahr vorliegt. Dein präfrontaler Kortex hat deinem gesamten Körper mitgeteilt »Falscher Alarm« und dadurch beruhigst du dich langsam. Das geschieht langsam, weil gewisse Hormone bereits ausgeschüttet wurden und erst wieder abgebaut werden müssen. Das dauert länger, als dies beispielsweise bei einem beschleunigten Atem der Fall ist.

WIE WIR GEFÜHLE REGULIEREN KÖNNEN

Du hast bereits erfahren, dass es nicht förderlich ist, unangenehme Gefühle über eine längere Zeit zu unterdrücken, da diese nicht von allein verschwinden, sondern oftmals sogar an Stärke gewinnen. Stattdessen kann es sich als nützlich erweisen, Strategien und Techniken zu erlernen, die dir bei der Regulierung deiner Gefühle helfen.

Unterdrücke unangenehme Gefühle nicht,
sondern lerne,
mit ihnen angemessen umzugehen.

Diese Techniken werden nach Gross und Thompson (2007) in vier Kategorien eingeteilt (siehe rechte Seite).

Bei der Emotionsregulation geht es darum, …

- deine eigenen Gefühlszustände angemessen zu regulieren und wenn nötig unangenehme Gefühle in ihrer Stärke abzuschwächen.
- Gefühle wahrnehmen und benennen zu können.
- die Bedürfnisse hinter deinen Gefühlen zu erkennen.
- einzuschätzen, ob ein Gefühl der Situation angemessen ist.
- Gefühle auch zulassen und akzeptieren zu können, ohne sie gleich zu unterdrücken oder wegzuschieben.

SITUATION VERÄNDERN

Du veränderst etwas an der Situation, beispielsweise indem du aktiv benennst, was dich in diesem Moment stört.

AUFMERKSAMKEITSKONTROLLE

Wenn du deine Aufmerksamkeit auf die emotionalen Aspekte der Situation richtest, wird dein Gefühl an Intensität gewinnen. Indem du deine Aufmerksamkeit weg von deinen emotionalen Reaktionen hin zu etwas anderem lenkst, kannst du die Intensität des Gefühls reduzieren.

KOGNITIVE UMBEWERTUNG

Je nachdem, wie du eine Situation bewertest, empfindest du anders. Wenn du dir freitagabends zu Hause allein einen Film anschaust und dir denkst »Endlich kann ich nun diesen Film sehen«, wird dies ein anderes Gefühl in dir auslösen, als wenn du dir denkst, »Ich sitze hier ganz alleine und alle anderen sind unterwegs mit Freunden«.

REAKTIONSKONTROLLE

Durch bestimmte Techniken erlangst du wieder mehr Kontrolle über deine Reaktion, beispielsweise indem du langsam und tief ein- und wieder ausatmest.

TOOL #3

5-4-3-2-1

ANGST

WUT

Dauer: 2–10 Minuten
Strategie: Aufmerksamkeitskontrolle (Achtsamkeit)
Wirksamkeit: kurzfristig
Körperebene: Sinne

MACH DAS, WENN …

Zu starkes Grübeln oder auch »Was wäre, wenn«-Gedanken können starke Angst und sogar Panik auslösen, obwohl du in diesem Moment vollkommen sicher bist und dir eigentlich nichts passieren kann. Wenn du also merkst, dass du dich in deinen Gedanken verlierst, solltest du nicht warten, bis deine Gefühle dich im Griff haben, sondern frühzeitig eingreifen.

SO GEHT'S

› Atme ein paar Mal tief ein und aus.
› Dann finde nacheinander in deiner Umgebung 5–4–3–2–1 Dinge und nimm sie ganz in Ruhe und mit ausreichend Zeit wahr:
5 Dinge, die du **sehen** kannst.
4 Dinge, die du **fühlen** kannst.
3 Dinge, die du **hören** kannst.
2 Dinge, die du **riechen** kannst.
1 Ding, das du **schmecken** kannst.

Tipps: Beim Riechen kannst du beispielsweise den Duft deines Duschgels auf deiner Haut wahrnehmen. Wenn du beim Schmecken nichts findest, achte darauf, was deine Geschmacksknospen auf der Zunge gerade wahrnehmen.

WIE DIESES TOOL WIRKT

Verlierst du dich mit den Gedanken oft irgendwo in der Vergangenheit oder Zukunft? Dann hilft dir diese Sinnesübung, dich wieder in die Gegenwart zurückzubringen.

*Sinnesübungen helfen dir,
zurück in die Gegenwart zu finden.*

Du gelangst schnell zurück ins Hier und Jetzt, wenn du dich auf deine Sinne fokussierst und aktiv wahrnimmst, was es im aktuellen Moment wahrzunehmen gibt.

ÜBEN, ÜBEN – VERINNERLICHEN

Je öfter du dieses Tool einsetzt, desto schneller wird es dir demnächst gelingen, mit deinen Gedanken und Gefühlen in die Gegenwart zurückzukommen. Es ist jedoch absolut normal, wenn du dich zu Beginn nicht sofort von deinen Gedanken lösen kannst, sondern dich immer wieder in ihnen verlierst. Das ist wirklich in Ordnung. Gib dir die nötige Zeit, dich an diese Art von Übung zu gewöhnen. Mit jeder Wiederholung wird es dir ein kleines bisschen schneller gelingen, da sich dein Gehirn an den Ablauf der Übung gewöhnt. Zugleich kommt dir zugute, dass du durch die Wiederholungen neue Bahnen schaffst. Das wirkt tief auf dein Gehirn und deine künftigen Gefühle und Reaktionen auf diese.

NEUROPLASTIZITÄT

Unser Gehirn kann sich durch neue Erfahrungen verändern. Dies wird Neuroplastizität genannt. Durch mehrere Wiederholungen wird ein neues neuronales Netz gebildet. Neuronen sind Nervenzellen, die unter anderem für die Informationsverarbeitung zuständig sind. Wenn du eine bestimmte Sache immer wieder machst, entsteht ein kleiner Weg in deinem Gehirn. Zunächst sieht man ihn kaum, dann wird er immer größer. Es ist wie bei einem Pfad in der Natur beziehungsweise einer Autobahn: Stelle dir einen kleinen Trampelpfad im Wald vor. Je öfter du diesen Weg gehst, desto breiter wird dieser Trampelpfad, bis daraus ein Wanderweg, später eine kleine Straße und nach ganz vielen Wiederholungen eine Autobahn wird. Spätestens dann wirst du diese Sache automatisch ausführen.

AUTOFAHREN LERNEN: EIN BEISPIEL

Zu Beginn müssen Fahrlernende an jeden Handgriff und jede Fußstellung aktiv denken. Manchmal wird es klappen, manchmal nicht. Mit jeder Wiederholung wird es ihnen jedoch einfacher fallen und irgendwann werden sie nicht mehr daran denken müssen, dass sie nun kuppeln müssten und sich der zweite Gang hinten links befindet, sondern ihre Bewegungen werden automatisch ablaufen.

TOOL #4

BAUCHATMUNG

ANGST

WUT

Dauer: 5 Minuten
Strategie: Reaktionskontrolle (Atmung)
Wirksamkeit: kurzfristig
Körperebene: Atem

MACH DAS, WENN ...

Durch Bauchatmung kannst du deinem Körper helfen, zur Ruhe zu kommen. Wenn du dich angespannt, gestresst, ängstlich oder wütend fühlst, kannst du sie dafür nutzen, über deinen Körper deine gesamte Verfassung zu beruhigen.

SO GEHT'S

› Setze oder lege dich hin.
› Lege eine Hand auf deinen Brustkorb und die andere Hand auf deinen Bauch.
› Schließe deine Augen, damit du deine Aufmerksamkeit besser nach innen richten kannst. Möchtest du deine Augen lieber offen lassen, fixiere einen ruhigen Punkt am Boden oder an der Wand, damit du nicht abgelenkt wirst.
› Atme nun langsam durch die Nase in deinen Bauch hinein und fühle, wie sich dein Bauch stärker ausdehnt als dein Brustkorb.
› Atme dann durch den Mund wieder aus.
› Zähle beim Ein- und Ausatmen innerlich »eins-zwei-drei-vier« mit.
› Wiederhole den Ablauf einige Minuten lang.

Wenn du dir dieses Tool angeeignet hast und dich daran gewöhnt hast, wirst du spüren: Dein Atem ist dein Anker.

WIE DIESES TOOL WIRKT

Vielleicht ist dir schon einmal aufgefallen, dass du in Zeiten von Stress, Angst oder Wut begonnen hast, schneller und flacher zu atmen. Atemübungen sind ein praktisches Tool, um wieder Ruhe in deinen Körper zu bringen. Das Ziel von Atemübungen ist in erster Linie, tief in den Bauch ein- und wieder auszuatmen und damit eine Verlangsamung des Atmens zu erreichen. Denn dein Gehirn verbindet mit einer langsamen Atmung Ruhe und Entspannung. Dadurch wird dein parasympathisches Nervensystem aktiviert.

DAS ZENTRALE NERVENSYSTEM

Es umfasst das Rückenmark und das Gehirn und bildet unser Steuerungszentrum. Es regelt Körperfunktionen wie unsere Atmung, den Blutkreislauf, den Herzschlag, die Verdauung usw., die Aufgaben sind also lebensnotwendig. Durch das zentrale Nervensystem sind wir imstande zu denken, zu sprechen, zu lernen und uns zu erinnern. Es spielt also auch eine wichtige Rolle bei unseren Gefühlen, da Gefühle mit Erinnerungen gekoppelt sind.

Das sympathische und das parasympathische Nervensystem sind zwei Bereiche des zentralen Nervensystems und Gegenspieler. Das sympathische Nervensystem ist zuständig für die Aktivierung des Körpers und das parasympathische Nervensystem ist für Erholung zuständig.

DAS SYMPATHISCHE NERVENSYSTEM

Das sympathische Nervensystem bereitet deinen Körper auf körperliche und geistige Leistung vor und verbraucht bei Aktivierung daher auch mehr Energie. Wenn du dich fürchtest, dein Herz schneller schlägt und du flacher atmest, ist dies das Werk des sympathischen Nervensystems.

Das sympathische Nervensystem ist u. a. aktiv bei:

- Bedrohung
- Stress
- Angst

DAS PARASYMPATHISCHE NERVENSYSTEM

Wie bereits erwähnt, handelt es sich hierbei um den Gegenspieler des sympathischen Nervensystems. Es steuert unsere Körperfunktionen in Ruhe- und Erholungsphasen. Wenn du also nach dem Essen ein Blubbern aus deinem Magen vernimmst, ist das parasympathische Nervensystem aktiviert.

Das parasympathische Nervensystem ist u. a. aktiv bei:

- Erholung
- Verdauung
- Ruhe und Pausen

TOOL #5

DEINE INNERE INSEL

ANGST

Dauer: 10–20 Minuten
Strategie: Aufmerksamkeitskontrolle (Imagination)
Wirksamkeit: kurzfristig
Körperebene: Gedanken

MACH DAS, WENN …

Besonders dann, wenn die Gegenwart belastend und erdrückend ist, kann es hilfreich sein, dass du dir eine kurze Auszeit nimmst, indem du dich gedanklich an einen schönen Ort zurückziehst. Einen Ort, den du dir selbst erschaffst.

SO GEHT'S

Schließe deine Augen und stelle dir eine kleine, unbewohnte Insel vor. Du erreichst sie ganz leicht mit einem schwimmenden oder fliegenden Objekt. Nur du kannst die Insel sehen, daher wirst du dort auch nie einer fremden Person begegnen.

› Wie sieht die Insel aus? Was siehst du? Was hörst du? Was riechst du? Was fehlt noch? Stelle dir deine Insel ganz genau vor. Gestalte sie ganz nach deinen Wünschen. Nimm dir dafür ausreichend Zeit. Du kannst auch im Hintergrund leise Musik dazu hören. Welche Musik soll das sein?
› Solltest du etwas auf der Insel nicht mehr haben wollen, dann lege es in ein Floß. Die Wellen werden es mitnehmen.
› Verweile auf deiner Insel, solange du magst. Bevor du deine Augen öffnest und zurück in die Realität gehst, atme einige Male bewusst ein und aus.

Du kannst jederzeit für eine Auszeit auf deine Insel kommen und auch immer, wenn du magst, etwas verändern.

WIE DIESES TOOL WIRKT

Nicht alle Menschen empfinden Imaginationsübungen als angenehm. Sollten sie sich für dich nicht gut anfühlen, wendest du besser andere Tools an. Wenn du dich mit Imaginationen wohlfühlst, können dir die Übungen dabei helfen, körperliche und emotionale Veränderungen herbeizuführen.

Bei Imaginationsübungen wird deine Vorstellungskraft genutzt. Du lässt in deiner Fantasie Vorstellungen und Bilder entstehen, die du so verändern kannst, wie du es möchtest. In der Regel wird eine solche Übung zu Beginn unter Anleitung durchgeführt. Du kannst es jedoch auch allein versuchen. Zudem finden sich im Internet unzählige Videos und Audios, die dich dabei unterstützen können, eine Imaginationsübung durchzuführen. Nach ein paar angeleiteten Malen wirst du die Übung selbstständig durchführen können.

Beispiele für Imaginationsübungen sind:

- **der innere sichere Ort:** Man nennt ihn auch »Wohlfühlort«. Das Ziel dieser Übung (siehe Tool 21) ist es, eine Erfahrung von Sicherheit zu erleben. Dies erreichst du, indem du dir in Gedanken einen Ort erstellst, den du dir ganz nach deinen Wünschen gestaltest und der nur dir gehört. Die Übung kann dir aber auch dabei

helfen, deine Gefühle zu regulieren und Selbstwirksamkeit zu erleben.
Wenn bei dir bekannt ist, dass du zu Dissoziationen (Verlust der Wahrnehmung der Umwelt, des Körpers, der Gedanken und/oder der Gefühle) neigst, führe die Übung statt im Sitzen oder Liegen besser im Gehen durch. Die Übung ist dann zwar weniger intensiv, jedoch wird dadurch die Gefahr zu dissoziieren verringert.

- **die Tresorübung:** Dieses Tool kann dir dabei helfen, dich von Bildern, Erinnerungen oder Gedanken, die dich aktuell sehr stark belasten, zu distanzieren. Du schließt dabei solche momentan belastenden oder einfach unerwünschten Gedanken sicher in einem Tresor oder etwas Tresorähnlichem weg. Zu einem späteren Zeitpunkt kann man diese Bilder und Erinnerungen – insofern man dies möchte – beispielsweise im Rahmen einer Therapie hervorholen, bearbeiten und verarbeiten. Du kannst die Tresorübung auch mit dem Tool 40 kombinieren.

- **der innere Helfer:** Bei diesem Tool geht es darum, einen inneren Helfer zu finden, der dir Trost oder auch Halt in schwierigen Situationen vermitteln kann. Es kann sich hier um eine reale Person oder auch um eine Märchenfigur oder Ähnliches handeln. Diese Übung kannst du mit dem Tool 36 kombinieren, damit du auch im Außen auf deinen inneren Helfer zugreifen kannst.

TOOL #6

S.T.O.P.

ANGST

WUT

Dauer: 2–5 Minuten
Strategie: Aufmerksamkeitskontrolle (Ablenkung)
Wirksamkeit: kurzfristig
Körperebene: Sinne und Gedanken

MACH DAS, WENN …

Wenn du aus dem Grübeln nicht mehr herauskommst, deine Gedanken sich immer wieder und wieder um die gleiche Sache drehen und drehen und drehen, dann kannst du mithilfe dieses Tools deine Aufmerksamkeit auf etwas anderes lenken.

SO GEHT'S

S.T.O.P. steht für:
S topp
T ief ein- und ausatmen
O rientiere dich im Raum
P unkte setzen im Raum

› Sage laut oder in Gedanken »Stopp« und stelle dir ein großes rotes Stoppschild dabei vor. Das **S** steht für den **S**topp selbst.
› Atme zunächst ein paar Male **t**ief ein und wieder aus.
› **O**rientiere dich im Raum, schaue dich um und nimm alles im Raum wahr.
› Nun setzt du gedanklich im Raum **P**unkte, und zwar so, dass sie eine Figur ergeben: ein Quadrat, ein Rechteck oder Dreieck, ein Stern – was du magst.
› Zähle alle Dinge auf, die sich in den Eckpunkten der Figur befinden.

TOOL #7

WASSER MARSCH

ANGST

WUT

Dauer: 2–5 Minuten
Strategie: Aufmerksamkeitskontrolle (Achtsamkeit)
Wirksamkeit: kurzfristig
Körperebene: Sinne
Was du benötigst: fließendes Wasser

MACH DAS, WENN …

Wenn du angespannt, nervös oder auch ängstlich bist, kannst du durch Wasser deinen Körper wieder bewusster wahrnehmen. Es bringt dich in den gegenwärtigen Moment zurück.

SO GEHT'S

- Atme zwei, drei Mal langsam tief ein und wieder aus.
- Halte dann deine Hände zunächst unter warmes Wasser. Nimm das Gefühl auf deiner Haut wahr. Wie fühlt es sich an? An deinen Fingerspitzen, in deiner Handinnenfläche, auf deinem Handrücken usw. Fühlt es sich in jedem Teil deiner Hand gleich an?
- Nun hältst du deine Hände unter kaltes Wasser. Was hat sich verändert? Wie fühlt es sich an?
- Wiederhole das Ganze erneut unter warmem Wasser. Wie fühlt es sich dieses Mal an? Hat sich das Gefühl verändert?

TOOL #8

EISKALT

ANGST

WUT

Dauer: 1–2 Minuten
Strategie: Aufmerksamkeitskontrolle (Achtsamkeit)
Wirksamkeit: kurzfristig
Körperebene: Sinne
Was du benötigst: Eiswürfel

MACH DAS, WENN …

Du hast das Gefühl, nicht wirklich »hier« zu sein. Deine Gedanken drehen sich im Kreis und mit der Zeit fühlst du dich total überfordert, wirst ängstlich oder wütend oder beides gleichzeitig. Mit einem sehr kalten Gegenstand wie dem Eiswürfel bewirkst du einen kleinen »Schockmoment«, der dir dabei hilft, wieder zurück in den gegenwärtigen Moment zu gelangen.

SO GEHT'S

- Halte einen Eiswürfel in deiner Hand. Zunächst nur in einer Hand.
- Wie fühlt es sich am Anfang an?
- Wie lange dauert es, bis er anfängt zu schmelzen?
- Wie verändert sich das Gefühl, wenn das Eis zu schmelzen beginnt?
- Nimm den Eiswürfel dann in die andere Hand.
- Wie fühlt es sich nun in der Hand ohne Eiswürfel an?
- Wie fühlt es sich in der Hand mit Eiswürfel an?
- Du kannst das Eis auch über den Handrücken oder die Finger gleiten lassen und spüren, wie es sich anfühlt.

TOOL #9

WECHSELATMUNG

ANGST WUT TRAUER

Dauer: 1–2 Minuten
Strategie: Reaktionskontrolle (Atmung)
Wirksamkeit: kurzfristig
Körperebene: Sinne

MACH DAS, WENN ...

... du dich entspannen oder auf etwas konzentrieren möchtest oder einfach eine kleine Pause brauchst. Du kannst die Übung auch kurz vor dem Schlafengehen anwenden. Dafür wiederholst du am besten die Übung jeden Abend vor dem Zubettgehen.

SO GEHT'S

Halte abwechselnd ein Nasenloch mit einem Finger deiner dominanten Hand geschlossen, um durch das andere Nasenloch ein- und auszuatmen.

- Lege deinen Zeige- und deinen Mittelfinger zwischen deine Augenbrauen und nimm Daumen und Ringfinger, um deine Nasenlöcher jeweils abwechselnd zuzuhalten.
- Atme vollständig aus und verschließe mit dem Daumen dein rechtes Nasenloch. Atme durch dein linkes Nasenloch ein.
- Verschließe nun mit dem Ringfinger dein linkes Nasenloch. Atme durch das rechte Nasenloch wieder aus.
- Atme durch dein rechtes Nasenloch ein, verschließe dann das rechte mit deinem Daumen und atme durch das linke wieder aus.
- Wiederhole die Wechselatmung, bis ein Ruhegefühl eintritt.
- Beende die Übung mit einer Ausatmung.

TOOL #10

ALLES IN EINER FARBE

ANGST

WUT

Dauer: 2–5 Minuten
Strategie: Aufmerksamkeitskontrolle (Ablenkung)
Wirksamkeit: kurzfristig
Körperebene: Sinne

MACH DAS, WENN ...

Wenn deine Gedanken unablässig um etwas herumkreisen oder du ganz viele Gedanken auf einmal hast und es nicht schaffst, sie zu unterbrechen, versuche es mit dieser Übung. Du verlagerst dadurch deine Aufmerksamkeit auf das Außen. Du kannst die Übung jederzeit und überall anwenden.

SO GEHT'S

- Schließe deine Augen und atme einige Male tief in deinen Bauch ein und wieder aus.
- Wähle nun eine Farbe aus. Du kannst deine Lieblingsfarbe nehmen oder eine beliebige andere Farbe.
- Nun öffne deine Augen, atme noch zwei, drei Male tief ein und wieder aus und suche den Raum / den Ort nach Objekten und Dingen in der gewählten Farbe ab. Welche Dinge nimmst du wahr?

Du kannst die Übung auch mit einem Bild machen, das du dort, wo du gerade bist, siehst. Schaue es dir an: Was zählst du auf, das in der gewählten Farbe abgebildet ist?

TOOL #11

WEG DAMIT

ANGST WUT TRAUER

Dauer: 1–2 Minuten
Strategie: Aufmerksamkeitskontrolle (Imagination)
Wirksamkeit: kurzfristig
Körperebene: ganzer Körper

MACH DAS, WENN …

Vielleicht »kleben« manchmal Gedanken und Sorgen an dir. Es gelingt dir einfach nicht, sie loszuwerden. Oder du wachst nachts aufgrund eines Albtraums auf und hast Mühe, wieder einzuschlafen, weil sich der Traum vor deinen Augen immer und immer wieder abspielt. Diese Übung hilft dir dabei, solche Gedanken, Sorgen und Albträume von dir wegzustoßen.

SO GEHT'S

- Stelle dir gedanklich vor, wie »es« an dir klebt.
- Nun fahre mit beiden Händen über deinen Körper und wische die Gedanken, Sorgen oder Albträume weg. Am besten so, dass du die Wischbewegung in deiner Körpermitte beginnst und dann nach außen wischst. Also weg von dir. Stelle dir dabei gedanklich vor, wie »es« dadurch weggewischt wird.
- Das klingt vielleicht komisch, aber solche Bewegungen können dir helfen, einen Teil dieser Gedanken tatsächlich loszuwerden, denn die Kraft unserer Vorstellung ist sehr stark und wirkungsvoll.
- Wiederhole die Übung so oft du magst, bis sich dein Gefühl zu dem »Es« verändert hat und es sich nicht mehr so klebrig und an dir haftend anfühlt bzw. vielleicht sogar so anfühlt, als wäre es für den Moment ganz weg.

TOOL #12

SUMM, SUMM, SUMM

ANGST

Dauer: 1–5 Minuten
Strategie: Reaktionskontrolle (Entspannung)
Wirksamkeit: kurzfristig
Körperebene: Stimme und Oberkörper

MACH DAS, WENN …

Ist dir schon einmal aufgefallen, dass sich kleine Kinder intuitiv beruhigen, indem sie vor sich hin summen oder Melodien singen? Was bei Kindern funktioniert, funktioniert auch im Erwachsenenalter. Das nächste Mal, wenn du aufgeregt, angespannt, nervös oder ängstlich bist, probiere unterschiedliche Geräusche aus und schaue, welche Wirkung sie bei dir zeigen.

SO GEHT'S

› Es gibt unendlich viele und unterschiedliche Geräusche, die du machen kannst. Probiere sie jeweils einige Male ein paar Sekunden oder auch Minuten lang aus. Variiere die Tonlage, Intensität und Geschwindigkeit.
› Wo spürst du die Geräusche?
› Bei einem Summen, Schnauben wie ein Pferd, Pfeifen oder auch bei einem »Ooohm«, wirst du das Geräusch eher in deiner oberen Körperhälfte wahrnehmen. Ein »Wuuh« wiederum wirst du eher unten im Körper, besonders im Bauch, spüren.

TOOL #13

VERWURZELT

ANGST

Dauer: 2–5 Minuten
Strategie: Aufmerksamkeitskontrolle (Imagination)
Wirksamkeit: kurzfristig
Körperebene: Beine und Füße

MACH DAS, WENN …

Manchmal kann es sich so anfühlen, als würde man den Halt unter den Füßen verlieren und wie eine Fahne im Wind flattern. Höre auf dein Bauchgefühl und versuche, mit dieser Übung wieder Boden unter die Füße zu bekommen.

SO GEHT'S

- Stelle dich entspannt hin und richte deine Aufmerksamkeit auf deine Füße. Achte darauf, wie sie den Boden berühren und wie sich das anfühlt.
- Verlagere dein Gewicht auf verschiedene Bereiche deiner Füße. Vorn, hinten, seitlich.
- Belaste einmal nur einen Fuß und wechsle dann auf den anderen Fuß.
- Du kannst auch ein bisschen Bewegung ins Spiel bringen, indem du deine Knie beugst oder leicht auf und ab springst.
- Wie fühlt es sich an? Verändert sich das Gefühl in den Füßen? In den Beinen?
- Schließe die Übung damit ab, dass du deine Füße ganz fest in den Boden drückst und dich mit deinen Zehen am Boden »festkrallst«.

TOOL #14

SCHMETTERLINGS-UMARMUNG

ANGST

Dauer: 2–5 Minuten
Strategie: Reaktionskontrolle (Entspannung)
Wirksamkeit: kurzfristig
Körperebene: Oberkörper

MACH DAS, WENN …

Wenn du sehr aufgeregt und emotional geladen bist, etwa wenn du Angst oder Stress verspürst, kann dir das regelmäßige Klopfen, das du in dieser Übung ausführst, dabei helfen, dich selbst zu beruhigen.

SO GEHT'S

› Lege deine Hände überkreuzt auf dein Brustbein, verschränke dabei deine Daumen.

› Nun klopfe im Wechsel deiner beiden Hände auf die jeweils gegenüberliegende Seite. Variiere die Stärke und den Rhythmus des Klopfens und achte darauf, ob sich dadurch etwas am Gefühl oder an der Anspannung verändert.

› Sage dir dabei innerlich oder auch laut, dass deine Gefühle in diesem Moment okay sind.

› Wie lange du die Übung durchführst, entscheidest du selbst. Am besten führst du sie so lange aus, bis du eine deutliche Entspannung in deinem Körper wahrnimmst.

TOOL #15

SCHAUKEL

ANGST WUT TRAUER

Dauer: 2–5 Minuten
Strategie: Reaktionskontrolle (Entspannung)
Wirksamkeit: kurz- und langfristig
Körperebene: ganzer Körper

MACH DAS, WENN …

… du das Gefühl hast, blockiert zu sein, oder wenn es dir so scheint, als könnten deine Gefühle irgendwie nicht heraus. Die Links-rechts-Bewegungen, die aus der EMDR-Stimulation stammen (mehr dazu siehe folgende Seiten), helfen, solche emotionalen Blockaden zu lösen. Die Übung kann sehr intensiv wirken. Führe sie daher am besten nur durch, wenn du dich sicher und in der Lage dazu fühlst, oder führe sie dann durch, wenn jemand in deiner Nähe ist, der dir diese Sicherheit geben kann.

SO GEHT'S

- Lege dich an einen ruhigen Ort auf den Rücken. Winkle deine Beine leicht an, sodass du sie gut hin und her bewegen kannst.
- Lege eine Hand auf deinen Brustkorb und die andere auf deinen Bauch.
- Mache zunächst ein paar Atemzüge tief in deinen Bauch.
- Bewege deine Beine nun langsam von rechts nach links, in einer Weise, dass du dich nicht übermäßig anstrengen musst.
- Lasse die aufkommenden Gefühle zu und beobachte sie nur. Versuche, sie nicht zu kontrollieren.
- Solange du dich emotional blockiert fühlst, kannst du die Übung 1- bis 2-mal pro Tag durchführen.

WIE DIESES TOOL WIRKT

Du kennst bestimmt den Satz »Da muss ich eine Nacht drüber schlafen« und hast vielleicht auch schon die Erfahrung gemacht, dass sich tatsächlich manches, was für dich abends noch ärgerlich oder aufwühlend war, am nächsten Morgen anders und nicht mehr so erdrückend angefühlt hat. Dafür gibt es einen Grund: Im Schlaf verarbeiten wir unseren Tag, die erlebten Situationen und Gefühle. Das passiert in der REM-Phase (Rapid Eye Movement). In dieser Phase bewegen sich deine Augen schnell von links nach rechts. Dabei werden beide Gehirnhälften stimuliert und dadurch Gefühle und Erlebtes verarbeitet.

Während der REM-Phase verarbeiten wir Dinge, die wir am Tag erlebt und gefühlt haben.

Wenn dieser Verarbeitungsprozess durch Stress, Schlafstörungen oder auch traumatische Erfahrungen gestört ist, bleiben Gefühle unverarbeitet und können immer wieder Stress und Angst auslösen. Mit bilateraler Stimulation, wie diese Links-rechts-Bewegungen, können solche REM-Zustände im Wachzustand herbeigeführt und gewisse Gefühle im Nachhinein verarbeitet werden.

BILATERALE STIMULIERUNG

Die bilaterale Stimulierung entspringt der EMDR-Therapie, Eye Movement Desensitization Reprocessing, zu Deutsch: »Desensibilisierung und Neubearbeitung durch Augenbewegung«. Die Übung besteht darin, mit den Augen den Fingern eines Therapeuten oder einer Therapeutin zu folgen, die diese schnell nach links und rechts bewegen. Neben den Augenbewegungen können auch akustische oder taktile Stimulationen eingesetzt und dadurch die Wirkung verstärkt werden.

BILATERALE STIMULIERUNG DURCH MUSIK

Diese Art der bilateralen Stimulation hat sich gut bewährt und kann mit gängigen Therapiekonzepten wie beispielsweise der Verhaltenstherapie kombiniert werden. In den letzten Jahren sind weitere Varianten dazugekommen, wie ein sanftes Links-rechts-Klopfen (siehe Tool 14) oder sanfte Links-rechts-Bewegungen der Beine (siehe Tool 15). Du kannst die Wirkung der Tools verstärken, indem du dir während der Übung bilaterale Musik über deine Kopfhörer anhörst. Das sind Musikstücke, die so zusammengestellt wurden, dass die Musik abwechselnd auf einer und dann auf der anderen Kopfhörer-Seite ausgespielt wird. Solche Musikstücke findest du ebenfalls im Internet. Ich empfehle dir, die Tools zunächst ohne Musik zu machen und dann in einem zweiten Schritt zusätzlich bilaterale Musik einzusetzen.

TOOL #16

SCHUTZPANZER

ANGST WUT TRAUER

Dauer: 5 Minuten
Strategie: Aufmerksamkeitskontrolle (Imagination)
Wirksamkeit: kurz- und langfristig
Körperebene: Gedanken

MACH DAS, WENN …

Nicht alles, was an dich herangetragen wird, ist auch wirklich für dich gedacht und oft gibt es in unserer Umgebung zu viele Reize und Anforderungen. Daher kann es manchmal hilfreich sein, sich seinen eigenen Panzer vorzustellen, um sich vor dieser »negativen Energie« zu schützen. Wenn du also das nächste Mal das Gefühl hast, dir würde alles über den Kopf wachsen, zu viele Menschen würden an dir herumzerren und du meinst, du könntest bald erdrückt werden, mache diese Übung.

SO GEHT'S

- Stelle dir vor, du hättest einen Panzer auf deinem Rücken oder auch um deinen ganzen Körper. Du kannst ihn so gestalten, wie du ihn gerne haben möchtest.
- Welche Form und Farbe hat er?
- Wie ist die Struktur des Panzers?
- Wie fühlt er sich an?
- Fühlt er sich im Inneren anders an als außen?
- Male dir deinen Panzer in deiner Vorstellung bis ins kleinste Detail aus und hole ihn immer dann hervor, wenn du ihn brauchst.

TOOL #17

GEDANKEN ENTSORGEN 1.0

ANGST

WUT

TRAUER

Dauer: 5–15 Minuten
Strategie: Situation verändern
Wirksamkeit: kurz- und langfristig
Körperebene: Gedanken
Was du benötigst: ein Blatt Papier, Notizbuch oder Smartphone zum Aufschreiben

MACH DAS, WENN …

Wenn du immer wieder Gedankenkreisen hast, dein Kopf vor Gedanken zu platzen droht, deine Gedanken rasen oder du seit einiger Zeit nur noch grübelst und dich sorgst, kann sich diese Übung befreiend anfühlen.

SO GEHT'S

› Setze einen Timer auf 5 bis 15 Minuten.
› Schreibe nun alle Gedanken auf, die dir in den Sinn kommen.
› Starte den Timer, sobald du den ersten Gedanken aufgeschrieben hast und höre erst auf, wenn der Timer abgelaufen ist.
› Stelle dir vor, wie deine Gedanken aus deinem Kopf verschwinden, sobald sie auf dem Blatt Papier stehen.
› Du kannst deine Gedanken in ganzen Sätzen oder einfach stichwortartig aufschreiben. Sie müssen nicht gut formuliert sein. Es gibt kein Richtig und kein Falsch.
› Du kannst auch sich wiederholende Gedanken aufschreiben.
› Anschließend kannst du das Blatt entweder vernichten, beispielsweise verbrennen, oder du machst mit Tool 18 weiter.

TOOL #18

GEDANKEN ENTSORGEN 2.0

ANGST WUT TRAUER

Dauer: 15–60 Minuten
Strategie: Kognitive Umbewertung (Reflexion)
Wirksamkeit: kurz- und langfristig
Körperebene: Gedanken
Was du benötigst: ein Blatt Papier, Notizbuch oder Smartphone zum Aufschreiben

MACH DAS, WENN ...

Du kannst die Arbeit mit Tool 17 vertiefen, damit deine Gedanken dich auch langfristig weniger bedrücken. Vor allem dann, wenn deine Gedanken und Sorgen sich um Themen drehen, die nicht innerhalb deiner Kontrolle liegen, ist dieses Tool hilfreich.

SO GEHT'S

- Nimm dir für diese Übung etwa eine Stunde Zeit. Vielleicht benötigst du viel weniger Zeit, aber du solltest nicht in Zeitnot geraten.
- Schaue dir an, was du bei Tool 17 aufgeschrieben hast, und gehe jeden Punkt einzeln durch: Suche diejenigen Punkte heraus, die nicht in der Vergangenheit oder Zukunft liegen und die innerhalb deiner Kontrolle liegen.
- Was ist auf der Liste, was im Hier und Jetzt ist und du (theoretisch) ändern könntest?
- Suche von den Dingen, die du ändern könntest, ein bis drei heraus, die dich aktuell am meisten bedrücken.
- Mache nun zu diesen ein bis drei Dingen einen Plan, wie du es angehen könntest, das Problem zu lösen.

TOOL #19

DAS GEGENTEIL

ANGST WUT TRAUER

Dauer: 1–5 Minuten
Strategie: Reaktionskontrolle (Anspannung und Entspannung)
Wirksamkeit: kurzfristig
Körperebene: ganzer Körper

MACH DAS, WENN …

Gefühle äußern sich in unserer Körperhaltung, viele deutlich sichtbar, manche unmissverständlich. Bei Angst sind beispielsweise hochgezogene Schultern, ein runder Rücken und ein eingezogener Nacken typisch.

SO GEHT'S

› Versuche, entgegen deiner automatischen Körperreaktion deine Haltung zu verändern.

Bei Angst kannst du so gegensteuern:

› Richte deinen Körper auf, ziehe deine Schultern nach hinten, hebe deinen Kopf und drücke deinen Brustkorb ganz sanft nach vorn.
› Spanne deinen Körper an und balle deine Hände zu Fäusten.
› Halte diese Position für ein paar Sekunden und entspanne dann alles.
› Du kannst dieses einige Male wiederholen.

Bei Wut kannst du so gegensteuern:

› Entspanne nach und nach jeden Muskel deines Körpers. Beginne bei den Armen, weil sich dort bei Wut besonders viel Energie anstaut.
› Gehe alle Regionen deines Körpers durch und entspanne deine Muskeln.

TOOL #20

KLOPF DIR MUT

ANGST

Dauer: 1–5 Minuten
Strategie: Reaktionskontrolle (Entspannung)
Wirksamkeit: kurzfristig
Körperebene: ganzer Körper

MACH DAS, WENN …

Jeder von uns hat sich wahrscheinlich schon einmal vor einem Termin gefürchtet: ein Vorstellungsgespräch, ein Vortrag oder ein Zahnarztbesuch oder die Begegnung mit einer Person, mit der wir gerade nicht im Reinen sind. Wenn du merkst, dass dein Atem aufgrund eines bevorstehenden Termins immer flacher wird und dein Herz stark zu klopfen beginnt, probiere diese Klopftechnik aus.

SO GEHT'S

- Hinter deinem Brustbeinknochen, etwa fünf bis sieben Zentimeter unter deiner Halsgrube, befindet sich die Thymusdrüse. Die Halsgrube ist die Stelle, wo der Brustkorbknochen zum weichen Hals wird, also der Bereich (eine kleine Kuhle) direkt unter deinem Hals, der bei Druck empfindlich reagiert. Wenn du nun von der Halsgrube zwei bis drei Fingerbreiten nach unten fährst, befindet sich an dieser Stelle hinter deinem Brustkorb die Thymusdrüse.
- Klopfe mit Zeige- und Mittelfinger sanft auf diese Stelle.
- Passe die Stärke und den Rhythmus deines Klopfens an, bis es sich für dich angenehm anfühlt.
- Klopfe dann, bis sich eine Besserung deiner Anspannung zeigt.

SO WIRKT DIESES TOOL

Diese Klopftechnik gehört zur EFT, den Emotional Freedom Techniques, und soll dir dabei helfen, körperliche Beschwerden, Stress und Ängste zu reduzieren. Sie geht auf die Meridianlehre aus der Traditionellen Chinesischen Medizin (TCM) zurück.

MERIDIANE

Meridiane sind »Leitbahnen« oder auch »Kanäle«, die durch unseren Körper verlaufen. Durch das Klopfen auf bestimmte Meridianpunkte wird dein parasympathisches Nervensystem aktiviert, dein Körper beruhigt sich. Diese Punkte haben in etwa die Größe eines Eurostückes, daher reicht es aus, wenn du die Stelle ungefähr triffst. Es kann sein, dass du während des Klopfens ein Kribbeln oder eine bestimmte Stelle deines Körpers besonders stark wahrnimmst, dass du zu schwitzen beginnst oder Gänsehaut kriegst. Viele unterschiedliche körperliche Reaktionen sind normal.

DOPPEL GENÄHT HÄLT BESSER

Du kannst die Übung verstärken, indem du bestärkende Sätze oder Affirmationen aussprichst. Achte hier darauf, dass die Sätze nicht zu lang oder zu komplex sind, sodass du sie einfach zum Klopfen aussprechen kannst. Ein paar Beispiele findest du auf der rechten Seite.

»Ich bin viel stärker als all das.«

»Einen Tag nach dem anderen.«

»Ich bin wertvoll.«

»Ich bin ruhig und entspannt.«

»Ich bin gut, so wie ich bin.«

»Ich gebe mein Bestes.«

»Alles wird gut.«

»Ich wähle Liebe und Vertrauen.«

»Ich höre auf meinen Körper.«

»Ich vertraue auf meine innere STÄRKE.«

»Ich schaffe das.«

»Ich verdiene es, glücklich zu sein.«

»Ich bin genug, ich mache genug.«

TOOL #21

DEIN SICHERER ORT

ANGST

Dauer: 5 Minuten
Strategie: Aufmerksamkeitskontrolle (Imagination)
Wirksamkeit: kurz- und langfristig
Körperebene: Gedanken

MACH DAS, WENN …

Wenn sich dein Leben gerade chaotisch oder in irgendeiner Weise nicht sicher anfühlt, kann dir diese Imaginationsübung dabei helfen, einen Ort zu finden, an dem du dich sicher und geborgen fühlen kannst.

SO GEHT'S

- Denke an deinen Lieblingsort. Er kann zu Hause, in einem fremden Land oder an einem Ort sein, den es gar nicht gibt, den du dir nun in deiner Fantasie erstellst.
- Verwende gedanklich all deine Sinne, um dir diesen Ort vorzustellen.
- Was siehst du? Welche Geräusche nimmst du wahr? Was spürst du auf deiner Haut?
- Sollte es sich um einen realen Ort handeln: Erinnere dich an das letzte Mal, als du dort warst. Mit wem warst du da? Was hast du gemacht? Wie hast du dich gefühlt? Was siehst du? Was hörst du? Stelle es dir bis ins kleinste Detail vor und nimm dir genügend Zeit dafür.

Hinweis: Solltest du unter Dissoziationen (Verlust der Wahrnehmung der Umwelt, des Körpers, der Gedanken und/oder Gefühle) neigen, führe die Übung nicht im Sitzen oder Liegen, sondern besser im Gehen durch.

TOOL #22

SOS

ANGST

Dauer: 1–2 Minuten
Strategie: Aufmerksamkeitskontrolle (Ablenkung)
Wirksamkeit: kurzfristig
Körperebene: ganzer Körper und Gedanken

MACH DAS, WENN …

Wenn in deinem Kopf Panik ausbricht, du gleichzeitig an alles und nichts denkst, dein Herz fast aus deiner Brust springt und es sich anfühlt, als würde dir jemand auf deiner Brust sitzen, dann versuche, dich an dieses Tool zu erinnern. Es kann dich dabei unterstützen, wieder Boden unter die Füße zu bekommen.

SO GEHT'S

- Mache einen Hampelmann oder versuche auf einem Bein zu balancieren. Mache das, was in diesem Moment noch möglich ist.
- Löse nun gleichzeitig die Rechnungsaufgabe 100 – 7 – 7 – 7 usw. Oder versuche, RADIO rückwärts zu buchstabieren.
- Dein Gehirn wird sich aufgrund der beiden unterschiedlichen Aufgaben so sehr auf diese konzentrieren müssen, dass die Angst dabei abflachen wird.
- Atme danach ein paar Male langsam in deinen Bauch ein und wieder aus.
- **Tipp:** Mache die beiden Aufgaben einige Male, ohne dass du dich in einer solchen SOS-Situation befindest. Speichere sie dir dadurch im Gedächtnis ab.

WIE DIESES TOOL WIRKT

Eine Panikattacke versetzt deinen Körper in eine Art Autopilot-Modus. Deshalb ist es so schwer, in einer Panikattacke die Kontrolle zurückzugewinnen. Achtsamkeits- oder auch Atemübungen können dir dabei helfen, wieder mehr Ruhe in deinen Körper zu bringen und Halt zu finden. Dabei ist es wichtig, länger aus- als einzuatmen: Du atmest beispielsweise vier Sekunden lang ein und sechs Sekunden lang aus. Durch leichte Körperübungen, wie beispielsweise der Hampelmann eine ist, schaffst du es, einen Teil der überschüssigen Energie und der ausgeschütteten Hormone abzubauen und die Panik somit abzuschütteln. Dadurch reduzieren sich dein Stresspegel und deine Angst.

ÜBE, WENN DU DICH WOHLFÜHLST

Probiere am besten verschiedene Bewältigungsstrategien aus und übe sie, wenn du dich normal oder ganz wohlfühlst. Denn wenn du die Übung das erste Mal in einer Ausnahmesituation durchführen möchtest, wirst du dich möglicherweise nicht mehr an alles erinnern oder dich nicht auf die Übung konzentrieren können, da du zu sehr von der Ausnahmesituation gefangen sein wirst.

Hinweis: Sollten sich die Symptome verschlimmern und bekommst du deine Panik oder Angst über mehrere Wochen oder Monate nicht in den Griff, scheue dich bitte nicht, professionelle Hilfe aufzusuchen.

KURZ UND KNAPP

- Bei unmittelbarer Bedrohung reagiert unser Körper so, dass wir am ehesten überleben können – mit Kampf, Flucht oder Erstarren.
- Eine bevorstehende oder möglicherweise bevorstehende Bedrohung lähmt uns eher und schwächt uns auf die Dauer.
- Man kann davon ausgehen, dass es »universelle« angstauslösende Dinge gibt, Dinge, vor denen sich fast alle Menschen fürchten. Wir können jedoch lernen (durch Erziehung, Erfahrungen usw.), uns vor fast allem zu fürchten.
- Der schnelle Weg bei der Verarbeitung von Bedrohungen hat bereits in Urzeiten über Leben und Tod entschieden und so ist es auch heute noch.
- Beim langsamen Weg haben wir die Möglichkeit, korrigierend einzugreifen.
- Wenn man die Angst ignoriert, wird sie stärker.
- Bei der Emotionsregulation geht es darum, Techniken und Strategien zu lernen, die dir dabei helfen können, mit deinen unangenehmen Gefühlen umzugehen.
- Neuroplastizität unseres Gehirns bedeutet, dass wir es auch im Erwachsenenalter verändern und neue, gesündere Verhaltensweisen erlernen können.
- Durch Aktivierung des parasympathischen Nervensystems kannst du lernen, dich selbst zu beruhigen.

Wut – das Gefühl, das eine Veränderung wünscht

Vielleicht gehörst du auch zu denjenigen Menschen, die schnell durch eine Kleinigkeit in Rage geraten?

Vielleicht unterdrückst du aber auch immer deinen Ärger und hast schreckliche Angst davor, eines Tages die Kontrolle zu verlieren.

Wut sollte weder unkontrolliert herausgelassen noch unterdrückt werden.

Aus psychologischer Sicht sind beide Formen keine gesunden Optionen, um dauerhaft mit deiner Wut umzugehen. Es ist wichtig, einen angemessenen Mittelweg zu finden.

EIN ZUVIEL AN WUT – WENN ES AUS DIR HERAUSBRICHT

Ärger gehört in der Kategorie »Wut« zu den Gefühlen, die nicht sehr intensiv wahrgenommen werden. Es gibt Menschen, die sich sehr selten über etwas ärgern, und andere, die sich öfters am Tag bereits über kleine Dinge ärgern und auch schnell aus der Haut fahren. Wird der Ärger größer, kann es zu brodeln beginnen und es können sich daraus Wut oder Zorn entwickeln. Diese sind durch eine stärkere Intensität und starke körperliche Erregung gekennzeichnet. Sie zeigen dir oftmals, dass eine Veränderung nötig ist bzw. wäre.

DEM ÄRGER LUFT MACHEN

Indem du deinem Ärger Luft machst, erledigst du ihn nicht. Der Ärger ist immer noch da, er kocht innerlich weiter. Das ist besonders dann so, wenn wir uns über Ungerechtigkeiten ärgern. Denn etwas Ungerechtes können wir oft nicht ändern. Deine Wut wird nicht die Welt ändern. Durch deine Wut wird weder der Fahrer vor dir schneller fahren noch die Schlange vor dir an der Kasse kürzer werden. Versuche, dich daher hauptsächlich über Dinge zu ärgern, die du ändern kannst und auch ändern willst.

DER GEFÜHLSREGLER

Stelle dir vor, du könntest deine Wut mit einem Regler wie bei einer Musikbox einstellen. Frage dich, bei welcher Einstellung deine Wut sich gerade befindet, und regle den Knopf herunter, bis du das Gefühl hast, dass es nun passend für dich ist.

Solltest du das Gefühl haben, dass deine Wut nicht stark genug ist, kannst du den Regler auch ein wenig nach oben drehen.

Du kannst den Gefühlsregler auch bei anderen Gefühlen anwenden. Setze ihn ein, sobald dir ein Gefühl zu stark zu sein scheint oder du ein Gefühl kaum spürst. Gehe jedoch sehr behutsam mit dem Gefühlsregler um, besonders dann, wenn du ein Gefühl verstärken möchtest.

Wütend zu werden, das ist für die meisten Menschen einfach. Doch wütend auf die richtige Person und in der richtigen Intensität zu sein, das wiederum ist schwer.

EIN ZUWENIG AN WUT ODER DIE UNTERDRÜCKTE WUT

Aus Angst vor Verurteilung oder auch davor, sich selbst oder andere zu verletzen, unterdrücken viele Menschen ihre Wut. Besonders Frauen neigen dazu, Gefühle der Wut zu unterdrücken. Ich habe bereits erwähnt, dass Mädchen und Jungen anders erzogen werden, wenn es um den Gefühlsausdruck geht. Viele Mädchen lernen: Wenn ich wütend bin und dies zeige, bin ich kein »gutes Mädchen«. Sie lernen die Botschaft: Wut (zu zeigen) ist schlecht.

UNTERDRÜCKTE WUT BEDEUTET STRESS

Wenn du jedoch deine Wut unterdrückst, bedeutet dies großen Stress für deinen Körper. Denn das Gefühl ist ja weiterhin da und keineswegs verschwunden.

Deine Wut zu unterdrücken,
ist mit großer Anstrengung verbunden und
bedeutet für deinen Körper enormen Stress.

Stelle es dir als einen mit Luft gefüllten Ballon vor, den du unter Wasser drückst. Das ist zwar möglich, erfordert aber viel Anstrengung. Die Folgen davon können Bluthochdruck, ein erhöhtes Herzinfarktrisiko, Diabetes, Magenprobleme, ein erhöhter Alkohol- oder Drogenkonsum oder auch Depressionen und Angstzustände sein.

»ICH MÖCHTE NICHT SO WERDEN WIE SIE«

Besonders Menschen, die in ihrer Kindheit viel Wut und Aggression erlebten, können Mühe damit haben, Wut auszudrücken und auszuleben. Sie haben vielleicht nie gelernt, Wut auf eine »gesunde« Weise zu äußern, und fürchten, genauso zu handeln wie damals Erwachsene in ihrem Umfeld. Gedanken wie »So will ich nie werden« können mitschwingen. Oder sie erstarren in Momenten der Wut einfach und können nicht ihrer Wut entsprechend handeln.

WENN DU DEINE WUT NICHT AUSLEBST: EIN BEISPIEL

Anna arbeitet als Büroangestellte und macht regelmäßig Überstunden. Unbezahlte Überstunden. Niemand dankt ihr dafür. Manchmal spürt sie diesen kleinen Ärger in sich, schluckt ihn dann aber gleich wieder hinunter und nimmt ihren Vorgesetzten in Schutz. Sie sagt sich, dass auch er Überstunden machen müsse und im Stress sei. Die Wut bleibt jedoch bestehen, da Anna sie nicht auslebt. In solchen Fällen richtet sich die Wut mit der Zeit gegen die Person selbst. So beginnt Anna, sich Vorwürfe zu machen, dass sie nichts gegen die unbezahlten Überstunden einwendet, sie hat ein schlechtes Gewissen und Schuldgefühle gegenüber sich selbst. Das bereitet ihr immer mehr körperlichen und psychischen Stress, sie leidet unter Schlaflosigkeit, fühlt sich oft wertlos und manchmal regelrecht depressiv.

WAS LÄSST DICH WÜTEND WERDEN?

Die Liste der Dinge, die Menschen wütend machen können, ist unendlich lang. Wahrscheinlich findest du dich in manchen der folgenden Beispiele wieder und bestimmt kannst du noch einige ergänzen:

- Wenn deine Grenzen verletzt werden.
- Wenn du es nicht schaffst, nein zu sagen.
- Wenn du nicht beachtet wirst.
- Wenn dich eine geliebte Person zurückweist.
- Wenn eine alte Wunde wieder verletzt wird.
- Wenn du dich überfordert oder frustriert fühlst.
- Wenn du enttäuscht bist.
- Wenn du dich hilflos fühlst oder Angst hast.
- Wenn du ungerecht oder respektlos behandelt wirst.
- Wenn du gestresst bist.
- Wenn du das Gefühl hast, übergangen zu werden.
- Wenn eine andere Person wütend wird und dich mit ihrer Wut konfrontiert.
- Wenn deine Wut sich angestaut hat.
- Wenn du einen Fehler gemacht hast und du dir deswegen selbst Vorwürfe machst.

WAS DEINE WUT DIR ZEIGEN KANN

Wut ist ein unangenehmes Gefühl, doch sie kann hilfreich sein, wenn du die Botschaft dahinter entschlüsselst. Wut soll dir unter anderem dabei helfen, dich selbst und deine Ziele zu verteidigen, Beziehungen zu erhalten und Schmerzen abzuwehren. Sie zeigt dir und – wenn du deine Wut äußerst – auch anderen, was dir wirklich wichtig ist oder was dir komplett gegen den Strich geht.

Wut ist eine großartige Verteidigerin deiner Interessen. Sie ruft dich dazu auf, darüber nachzudenken, was geschieht, ob es gut ist oder nicht und ob du aktiv werden und etwas ändern solltest.

Zudem zeigt dir deine Wut, dass etwas verändert werden muss, und dadurch kann sie Veränderungen herbeiführen. Wut ist also ein starker Motor für Veränderungen, jedoch nur dann, wenn du ins Handeln kommst.

VERÄNDERUNGEN ERMÖGLICHEN

Sobald du verstehst, was dir deine Wut mitzuteilen versucht, kann daraus in dir die nötige Energie wachsen, um Prozesse in Gang zu setzen. Dann sind Veränderungen möglich. Höre daher deiner Wut gut zu.

WAS BEI WUT IN DEINEM KÖRPER GESCHIEHT

MÖGLICHE KÖRPERLICHE REAKTIONEN

- Du atmest flach.
- Du bekommst Herzpochen, Herzrasen.
- Dein Puls beschleunigt sich.
- Dein Blutdruck steigt.
- Deine Muskeln spannen sich an oder verspannen.
- Dein Kiefer ist angespannt und nach vorn geschoben.
- Du kneifst deine Augen zusammen.
- Du presst deine Lippen zusammen.
- Du runzelst die Stirn.
- Du ballst deine Fäuste.
- Deine Stimme wird zittrig.
- Du hast Hitzewallungen und einen geröteten Kopf.
- Deine Hände werden warm.

MÖGLICHE GEDANKEN

- »Das ist nicht fair.«
- »Warum immer ich?«
- »Ich bin überfordert.«
- »Er/sie sollte das nicht tun.«
- »Alle sind gegen mich.«
- »Ich werde angegriffen.«

MÖGLICHES VERHALTEN

Bei Wut gehen wir oft in den Angriff, das heißt, wir bewegen uns in Richtung des Reizes oder erheben die Stimme, beginnen zu schreien. Es kann sein, dass du einen Streit beginnst oder dich aggressiv verhält. So kann es vorkommen, dass du Türen zuschlägst, etwas an die Wand oder auf den Boden wirfst, Dinge zerstörst oder sogar handgreiflich wirst. Aber auch weniger starke Reaktionen sind möglich, wie beispielsweise auf den Tisch zu klopfen oder mit den Füßen aufzustampfen.

VERSCHAFFE DIR ZEIT: 10 ATEMZÜGE

Dies ist ein einfacher und höchst effektiver Trick, den du anwenden kannst, wenn deine Wut droht, dich zu überwältigen. Das Gefährliche an der Wut ist, dass wir oftmals impulsiv reagieren. Daher ist es wichtig, dass du dir Zeit verschaffst: Du kannst ganz langsam zehn Atemzüge durchführen und dabei mitzählen. 1 – 2 – 3 – 4 – 5 – 6 – 7 – 8 – 9 – 10.

Wenn sich deine Wut weiterhin bedrohlich anfühlt, kannst du dir auch Zeit verschaffen, indem du dich für zehn Minuten zurückziehst, also den Raum verlässt.

Durch das Zählen oder den Rückzug gibst du der Amygdala, die in einem Alarmzustand ist, die notwendige Zeit, um mit dem präfrontalen Kortex die Situation zu bewerten und deine Reaktion entsprechend zu regulieren.

PRIMÄRE UND SEKUNDÄRE GEFÜHLE UNTERSCHEIDEN

Unsere Gefühle sind uns oft schwer verständlich – vor allem, wenn sich ein Gefühl vor ein anderes schiebt. Um gut mit ihnen umgehen zu können, ist es wichtig, zu erkennen, welches Gefühl das primäre, das grundlegende für die Situation ist.

VERSTECKTE GEFÜHLE: EIN BEISPIEL

Lea sitzt auf dem Sofa und schaut einen Film. Irgendwann nimmt sie ihr Smartphone zur Hand, schreibt ihrem Partner. Sie sieht, wie er online geht und dann gleich wieder offline ist. Sie merkt, wie sich im selben Moment ihr Körper anspannt. »Ist das dein Ernst«, denkt sie, »warum machst du das jedes Mal!?«. Was für ein Gefühl steckt hinter Leas Reaktion? Vielleicht Wut? Das ist gut möglich.

Beobachten wir noch ein wenig weiter: Lea wartet ein, zwei, drei Minuten, für sie gefühlt eine halbe Stunde. Sie schreibt ihm erneut. Nichts passiert. Ihre körperliche Anspannung steigt, sie schmeißt ihr Smartphone auf das Sofa, Tränen schießen ihr in die Augen. Was meinst du, ist es immer noch Wut? Es ist möglich, denn Tränen können auch bei Wut vorkommen.

Die Frage zur Klärung lautet: Was könnte das dahinterliegende Bedürfnis sein? Erkennst du dieses, kannst du das dazugehörige Gefühl erkennen.

GESEHEN WERDEN

Bei Lea könnte dem aufgewühlten Gefühl das Bedürfnis »gesehen werden« oder »jemandem wichtig sein« zugrunde liegen. Bedürfnisse, die, wenn sie nicht erfüllt werden, bei den meisten Menschen das primäre Gefühl »Trauer« auslösen.

Primäre Gefühle verstecken sich oftmals hinter sekundären Gefühlen.

Überdeckt wird dieses Gefühl oft von dem sekundären Gefühl »Wut«. Hinter Wut können sich auch weitere Gefühle verstecken wie Scham, Demütigung, Furcht oder eine Mischung von Gefühlen.

VERLETZTE MENSCHEN VERLETZEN MENSCHEN

Berührt jemand eine (noch) nicht verheilte Wunde, reagiert man schnell mit Wut und macht aggressive Äußerungen, die man gar nicht so meint, die die andere Person jedoch verletzen. Dies geschieht oft unbewusst und ist nicht böse gemeint. Die Traurigkeit wird dadurch jedoch in den Hintergrund gedrängt und stattdessen kommt die impulsive Wut ans Tageslicht. Diese ist entstanden, um die betroffene Person weniger anfällig zu machen, um sie zu beschützen. Sie ist jedoch meistens nicht sehr hilfreich.

TOOL #23

FOLGE DER FIGUR

ANGST WUT

Dauer: 2–5 Minuten
Strategie: Reaktionskontrolle (Atmung)
Wirksamkeit: kurzfristig
Körperebene: Atem und Hände

MACH DAS, WENN ...

Wenn wir wütend werden, reagieren viele von uns impulsiv. Daher ist es wichtig, dir Zeit zu verschaffen. Wenn die 10 Atemzüge nicht funktionieren, kannst du dieses Tool einsetzen. Durch die Aktivierung deines Körpers zusammen mit der ablenkenden Aufgabe gewinnst du Zeit, damit du nicht überstürzt handelst. Nutze diese Zeit, um deinen Körper zu beruhigen, dein Wutlevel zu reduzieren und dich erst dann mit der Situation auseinanderzusetzen.

SO GEHT'S

- Diese Übung kannst du überall durchführen. Stelle dir einfach eine vor dir auf dem Tisch liegende 8 vor und zeichne die 8 mit deinem Zeigefinger nach.
- Beginne in der Mitte, gehe über den linken Bogen nach oben und wieder zur Mitte. Atme dabei ein.
- Gehe dann über den rechten Bogen nach oben und wieder zur Mitte. Atme dabei aus.
- Zeichne die Figur einige Male nach. Mit jeder weiteren Runde wird sich dein Atem ein bisschen mehr beruhigen.
- Beende die Übung, wenn du wahrnimmst, dass die Anspannung in deinem Körper spürbar abgenommen hat.

TOOL #24

5-FINGER-ÜBUNG

ANGST

WUT

Dauer: 2–5 Minuten
Strategie: Reaktionskontrolle (Atmung)
Wirksamkeit: kurzfristig
Körperebene: Atem und Hände

MACH DAS, WENN …

Dieses Tool kannst du ebenfalls anwenden, wenn du unterwegs bist und gar nichts weiter zur Hand nehmen kannst. Es ist die ideale Übung, wenn du das Gefühl hast, du könntest impulsiv reagieren. Es ist auch geeignet, wenn du aufgeregt, angespannt oder ängstlich bist.

SO GEHT'S

- Halte deine nicht dominante Hand offen mit dem Daumen nach außen vor dich.
- Setze nun mit dem Zeigefinger deiner dominanten Hand unten an der Wurzel deines kleinen Fingers an.
- Atme ein, während du mit dem Zeigefinger an deinem kleinen Finger hochfährst.
- Sobald du oben angekommen bist, hältst du kurz deinen Atem an und atmest wieder aus, während du an deinem kleinen Finger wieder herunterfährst.
- Führe das bei jedem Finger aus.
- Du kannst mehrere Durchgänge machen.

TOOL #25

IM HIER UND JETZT

ANGST

WUT

Dauer: 2–5 Minuten
Strategie: Reaktionskontrolle (Beruhigung)
Wirksamkeit: kurzfristig
Körperebene: Gedanken

MACH DAS, WENN ...

Wenn du angespannt, verärgert oder ängstlich bist, kann dir Orientierung (wer bin ich, wo bin ich, was nehme ich wahr usw.) dabei helfen, eine Situation realistischer einzuschätzen. Indem du dich auf das Hier und Jetzt konzentrierst, hilfst du deinen Gedanken und deinem Körper, herunterzufahren und dich zu erden, denn oftmals sind wir mit unseren Gedanken ganz woanders und dadurch nicht bei uns selbst.

SO GEHT'S

- Setze dir zur Orientierung im Hier und Jetzt einen Anker. Er könnte zum Beispiel lauten:
- »Ich heiße Paula, bin 34 Jahre alt und wohne in München. Heute ist Donnerstag, der 5. Juni 2023. Es ist 19:17 Uhr und ich sitze allein an meinem Esstisch. Ich höre das Ticken der Uhr und rieche den Duft der Blumen auf dem Tisch.«
- Du kannst dies mit beliebig vielen Sätze fortführen, indem du mehr Details angibst und so viele Dinge wie möglich beschreibst.
- Es ist gut, wenn du immer mit deinem Namen, Alter, Wohnort, dem Wochentag, Datum und der Uhrzeit und dann der Angabe zu dem Ort, wo du dich gerade befindest, beginnst. So wirst du auch dann in den Erzählfluss kommen, wenn du sehr wütend oder außer dir bist.

TOOL #26

BUCHSTABENSALAT

ANGST

WUT

Dauer: 2–5 Minuten
Strategie: Aufmerksamkeitskontrolle (Ablenkung)
Wirksamkeit: kurzfristig
Körperebene: Gedanken

MACH DAS, WENN …

Wenn du eine kleine Pause von deinen Gedanken brauchst, weil dir entweder alles zu viel wird, du gerade mit deiner Wut »kämpfst« oder deine Gedanken um sich selbst kreisen, kannst du diese Übung durchführen.

SO GEHT'S

- Nimm dir einige Minuten Zeit und sieh dich im Raum um.
- Suche den Raum zunächst nach Objekten ab, die mit dem Anfangsbuchstaben deines Vornamens beginnen. Zähle sie auf.
- Danach machst du mit dem zweiten Buchstaben deines Vornamens weiter: Welche Objekte kannst du nun aufzählen?
- Mache so mit allen Buchstaben deines Vornamens weiter.
- Alternativen: Du kannst pro Buchstaben nur einen Gegenstand wählen und dann, wenn du zu allen Buchstaben deines Vornamens einen Gegenstand genannt hast, wieder von vorn beginnen. Oder du nimmst bei den nächsten Durchgängen deinen Nachnamen oder den Namen deines Haustieres usw.

TOOL #27

RUHEPOL

ANGST

WUT

Dauer: 2–5 Minuten
Strategie: Reaktionskontrolle (Beruhigung)
Wirksamkeit: kurzfristig
Körperebene: Vagusnerv

MACH DAS, WENN …

Wende dieses Tool an, wenn du dich entspannen und mehr (körperliche) Ruhe erreichen möchtest. Hierbei ist das Hauptziel, deinen Körper und deinen Kopf zu beruhigen. Du kannst damit auch einfach und genussvoll zur Ruhe kommen, bevor du zu Bett gehst.

SO GEHT'S

- Nimm dir für jeden Schritt ausreichend Zeit und genieße die kleine Massage.
- Beginne beim Cymba Conchae und mache kleine Kreise mit der Spitze deines Zeigefingers.
- Danach suchst du dir den Punkt gleich hinter deinem Tragus und machst auch hier wieder kleine Kreise mit der Fingerspitze.
- Massiere dann dein Ohrläppchen und ziehe es ganz sanft nach unten.
- Zuletzt massierst du mit zwei Fingern den Bereich direkt hinter deinem Ohr.

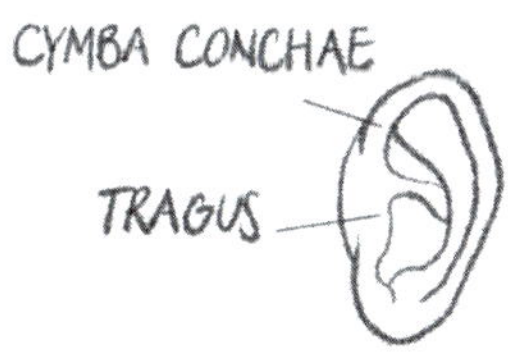

WIE DIESES TOOL WIRKT

Indem du den Vagusnerv in deinem Ohr massierst, aktivierst du dein parasympathisches Nervensystem und erreichst dadurch eine Entspannung deines Körpers. Dies kannst du auch erreichen, indem du dich auf den Rücken legst, deine Augen schließt und für ein paar Minuten tief und langsam in deinen Bauch ein- und wieder ausatmest.

Der Vagusnerv wird auch Ruhe- oder Erholungsnerv genannt.

Indem du eine Hand auf deinen Bauch und die andere Hand auf dein Brustbein legst, kannst du kontrollieren, ob dein Atem wirklich in den Bauch und nicht in den Brustbereich fließt.

DER VAGUSNERV

Der Vagusnerv ist der längste unserer zwölf Hirnnerven. Er steuert das parasympathische Nervensystem und wirkt auf nahezu alle unbewusst ablaufenden Körperfunktionen ein. Seinen Ursprung hat er im Hirnstamm und verläuft dann durch den Hals, über den Brustraum bis zum Bauchraum. Auf seinem Weg verästelt er sich hin zu den Ohren, dem Herz, der Lunge und beeinflusst unsere Atmung, Verdauung, Herzfrequenz usw. und dadurch auch unser Wohlbefinden.

DER VAGUSNERV – VON KOPF BIS BAUCH

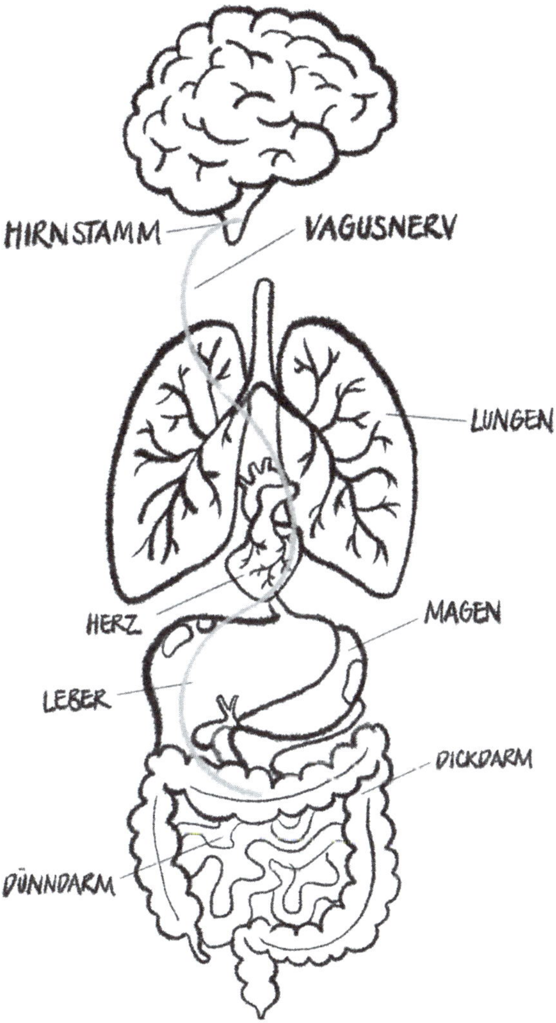

TOOL #28

KATEGORIEN-DENKEN

ANGST

WUT

Dauer: 2–5 Minuten
Strategie: Aufmerksamkeitskontrolle (Ablenkung)
Wirksamkeit: kurzfristig
Körperebene: Gedanken

MACH DAS, WENN ...

Wenn gleichzeitig zu viele Gedanken auf dich einströmen, du dagegen ankämpfst, unter dem Druck wütend oder ängstlich wirst, in diesem Moment jedoch keine Kraft oder Möglichkeit hast, dich ausgiebig mit deinem Gefühl und deinem Bedürfnis auseinanderzusetzen, kannst du dich mit diesem Tool davon ablenken.

SO GEHT'S

- Wähle mindestens zwei Kategorien aus, beispielsweise Säugetiere und Städte.
- Stelle nun einen Timer auf ein oder zwei Minuten.
- Notiere dir oder benenne in dieser Zeit aus den ausgewählten Kategorien so viele Dinge wie möglich.
- Erweiterung: Du zählst nur Dinge auf, die mit einem bestimmten Buchstaben beginnen.

Beispiele für Kategorien: Säugetiere, Städte, Länder, Früchte, Gemüse, Essen, Eissorten, Filme, Serien, bekannte Menschen, Buchtitel, Sportteams, Namen von Menschen in deinem Bekanntenkreis, Automarken, Blumen, Bäume

TOOL #29

HIRN-FLICKFLACK

ANGST

WUT

Dauer: 1–10 Minuten
Strategie: Aufmerksamkeitskontrolle (Ablenkung)
Wirksamkeit: kurzfristig
Körperebene: Gedanken

MACH DAS, WENN …

… Wut in dir aufkeimt, die unmittelbar zu äußern für die Situation nicht förderlich wäre, da die Intensität der Wut zu stark ist. Auch wenn du mal ein wenig Ruhe von deinen Gedanken haben möchtest, wird dir dieses Tool dabei helfen, dich für eine kurze Zeit abzulenken.

SO GEHT'S

- Gib deinem Hirn eine Aufgabe, die zu lösen es stark herausfordert.
- Beispiele: Löse ein schwieriges Rätsel. Mach ein Geduldspiel (Zauberwürfel, Kartenhaus). Buchstabiere Wörter, erst vorwärts, dann rückwärts. Schreibe etwas mit der nicht dominanten Hand. Schreibe oder zeichne etwas spiegelverkehrt; nimm dafür einen kleinen Spiegel zu Hilfe. Puzzle. Stelle dir eine Mathematikaufgabe (ziehe zum Beispiel von 100 immer 7 ab; oder wähle eine Zahl aus und denke dir drei Wege aus, wie du auf diese Zahl kommst, beispielsweise zu 5: 6 – 1 = 5, 3 + 2 = 5, 10 : 2 = 5).
- Je komplexer und schwieriger die Aufgabe ist, desto stärker wirst du von deinem Gefühl abgelenkt werden. Wenn du solche Aufgaben kombinierst, indem du beispielsweise mit deiner nichtdominanten Hand spiegelverkehrt eine Figur zeichnest, wird es schnell sehr anspruchsvoll für dein Gehirn.

TOOL #30

KRAFTAKT

WUT

Dauer: 2–3 Minuten
Strategie: Reaktionskontrolle (Anspannung und Entspannung)
Wirksamkeit: kurzfristig
Körperebene: ganzer Körper

MACH DAS, WENN …

Dieses Tool ist besonders wirksam, wenn du das Gefühl hast, dass dein Körper sich im »Kampfmodus« befindet oder du plötzlich sehr wütend wirst oder dich angegriffen fühlst. Du lässt damit ein bisschen der überschüssigen Energie ab. Dein Körper hat sich auf eine Bedrohung eingestellt, schüttet alle notwendigen Hormone aus, die nach Action schreien, und er erwartet nun die Action. Gib deinem Körper diese Action, sodass die Energie nicht weiter in dir brodelt, sondern hinaus und dadurch abgebaut werden kann.

SO GEHT'S

- Stelle dich vor eine Wand, strecke deine Arme gerade aus und lege die Hände an die Wand.
- Stemme dich nun so fest wie möglich gegen die Wand, so als würdest du versuchen, die Wand zu verschieben. Achtung: Wenn du eine sehr große Wut verspürst, setze nicht deine gesamte Kraft ein, da du dich sonst verletzen könntest.
- Lasse dann von der Wand ab, entspanne deine Muskeln und schüttle die Anspannung weg.
- Wiederhole dies so lange, bis sich eine Entspannung einstellt.

TOOL #31

FAUST GEGEN WUT

WUT

Dauer: 2–3 Minuten
Strategie: Reaktionskontrolle (Anspannung und Entspannung)
Wirksamkeit: kurzfristig
Körperebene: Oberkörper

MACH DAS, WENN …

Dieses Tool kannst du anwenden, wenn dein Körper in höchste Alarmbereitschaft geraten ist und dir alle Signale für einen Angriff sendet. Er stellt dir die Energie zur Verfügung, damit du aktiv werden kannst. Nun geht es darum, mithilfe dieses Tools einen Teil der bereitgestellten Energie kontrolliert freizulassen. Vorteilhaft ist, dass du dieses Tool überall und jederzeit einsetzen kannst, selbst in Gegenwart anderer Menschen.

SO GEHT'S

- Atme tief ein, balle deine Hände zu Fäusten.
- Stelle dir vor, wie du deine ganze Wut in diese Fäuste steckst.
- Drücke deine Fäuste ganz fest zusammen.
- Atme dann wieder aus und öffne dabei ganz vorsichtig deine Fäuste.
- Lasse deine Schultern fallen und entspanne deine Arme.
- Versuche, dabei alles, was du gedanklich in die Fäuste gepackt hast, loszulassen.
- Wiederhole dieses, bis du dich nicht mehr so angespannt fühlst.

Wenn Menschen in der Nähe sind und du nicht möchtest, dass sie etwas von deinem Gefühlszustand mitbekommen, kannst du die Fäuste auch in den Taschen oder hinter deinem Rücken ballen und entspannen.

TOOL #32

DAS HAUS DER GEFÜHLE

ANGST

WUT

TRAUER

Dauer: 2–3 Minuten
Strategie: Situation verändern
Wirksamkeit: kurzfristig
Körperebene: Gedanken

MACH DAS, WENN …

Wenn ein Gefühl dich einfach nicht loslässt, dich überallhin verfolgt und du eine kleine Pause vom Gefühl brauchst, kannst du mit diesem Tool eine gewisse Distanz dazu gewinnen.

SO GEHT'S

- Stelle dir ein großes Haus vor, in dem alle deine Gefühle ein eigenes Zimmer haben. Führe es dir genau vor Augen, insbesondere das Zimmer des Gefühls, das dir gerade zu schaffen macht.
- Schicke dann das Gefühl, das dich nun zu lange nervt, auf sein Zimmer.
- Sage dir dabei in Gedanken oder laut: »Es reicht, geh jetzt auf dein Zimmer«.
- Beobachte in deiner Vorstellung das Gefühl dabei, wie es hinaus und vielleicht die Treppe hochgeht, seine Zimmertür öffnet, ins Zimmer geht und aus deinen Augen verschwindet.
- Du kannst die Übung verstärken, indem du deinem Gefühl eine Gestalt gibst. Stelle dir vor, wie das Gefühl aussehen könnte: Wie groß ist es? Was für eine Form hat es? Welche Farbe? Hat es Augen? Usw.

TOOL #33

HERAUSSCHÜTTELN

ANGST WUT TRAUER

Dauer: 1–2 Minuten
Strategie: Reaktionskontrolle (Anspannung und Entspannung)
Wirksamkeit: kurzfristig
Körperebene: ganzer Körper

MACH DAS, WENN ...

Du kannst dieses Tool einsetzen, wenn es einen größeren Anlass gab, beispielsweise ein Gespräch, infolgedessen dich deine Gefühle zu überwältigen drohen. Das Hauptziel ist es, das, was dich belastet, herauszuschütteln. Dies können Gefühle und Gedanken aller Art, beispielsweise zu bestimmten Erlebnissen oder Erfahrungen, sein.

SO GEHT'S

- Stelle dir vor, wie du alle negativen Erlebnisse, Erfahrungen, Gedanken und Gefühle herausschüttelst.
- Beginne mit deinen Armen: Schüttle zunächst deinen linken, dann deinen rechten Arm aus.
- Schüttle dann deine Schultern aus.
- Gehe weiter und schüttle ganz sanft nacheinander deinen Kopf, danach deinen Oberkörper, deinen Bauch und deine Taille aus.
- Mache anschließend mit deinem linken Bein weiter, danach mit deinem rechten Bein.
- Schüttle zum Abschluss deinen gesamten Körper ganz sanft.

WIE DIESES TOOL WIRKT

Durch das Schütteln wird auf natürliche Art Adrenalin in deinem Körper abgebaut und das parasympathische Nervensystem aktiviert. Infolgedessen reduziert sich die Anspannung in deinem Körper. Das Schütteln wird auch »neurogenes Zittern« genannt. Wir können es oft als Reflex bei Kindern und Tieren beobachten, da es sich um einen angeborenen Mechanismus handelt, der unseren Körper dabei unterstützen soll, Stress und starke Gefühle loszulassen. Wenn wir erwachsen werden, verschwindet der Mechanismus meistens, da wir es unbewusst unterdrücken. In Extremsituationen kann das Zittern jedoch den Weg »nach draußen« finden. Vielleicht hast du es auch bereits selbst erlebt oder bei jemandem beobachtet.

ZITTERMECHANISMUS

Würden wir es zulassen, so würden wir also alle zittern, denn das Zittern gibt unserem Körper die Rückmeldung, dass die angespannte Situation vorbei ist und wir uns nun entspannen können. Bleibt dieses Signal aus, kann die Entspannung nicht einsetzen und die Anspannung bleibt in unserem Körper.

KONTROLLIERT ZITTERN

Man kann das Zittern bewusst herbeiführen. Die Tension and Trauma Releasing Exercises (TRE) bieten viele Übungen, durch die du nachträglich nach dem eigentlichen Anlass zittern und somit Verspannungen und Blockaden lösen kannst.

ABLAUF EINER ZITTERÜBUNG

Der Körper wird in eine bestimmte Position gebracht, in der er zu zittern beginnt. Gerade zu Beginn können ruckartige Bewegungen auftreten. Kommt ein Zittern auf und schafft man es, das Zittern zuzulassen, kann man in der Position bleiben oder sie verlassen und weiterzittern.

Das Zittern meldet deinem Körper:
Die angespannte Situation ist nun vorbei.

Bei regelmäßiger Übung kann das Zittern bei Bedarf auch hervorgerufen werden, ohne dass man eine bestimmte Position einnehmen muss.

BELASTENDE ERFAHRUNGEN

Wie bei der Anwendung aller Tools in diesem Buch ist es bei Zitterübungen besonders wichtig, auf deinen Körper zu hören. Sollte sie ein komisches oder unangenehmes Gefühl in dir auslösen, brich die Übung ab.

Achtung: Da Zitterübungen u. a. auch dabei helfen, traumatische Erfahrungen loszulassen, ist hier unbedingt Vorsicht geboten: Wenn du belastende oder gar traumatische Erfahrungen gemacht hast, solltest du solche konkreten Zitterübungen zu Beginn nicht allein, sondern professionell begleitet durchführen.

TOOL #34

WUT-TAGEBUCH

WUT

Dauer: 5–15 Minuten
Strategie: Kognitive Umbewertung (Reflexion)
Wirksamkeit: kurz- und langfristig
Körperebene: Gedanken
Du benötigst: Tagebuch oder dein Smartphone zum Aufschreiben

MACH DAS, WENN …

Wenn du das Gefühl hast, dass du deine Wut wieder hinunterschlucken musstest oder wenn du jemanden angeschrien hast und dich nun schuldig oder traurig fühlst und an nichts anderes mehr denken kannst, dann probiere das Wut-Tagebuch aus. Dadurch kannst du Gemeinsamkeiten zwischen Situationen erkennen, die ansonsten leicht übersehen werden können.

SO GEHT'S

- Wenn dich etwas wütend macht, dann halte kurz inne und schreibe auf, was oder wer dich so wütend gemacht hat.
- Notiere auch, was kurz davor passiert ist.
- Spüre dem Moment nach, in dem dich jemand oder etwas wütend gemacht hat: Wie hast du dich gefühlt? Schreibe es auf.
- Halte außerdem kurz fest, wie du dich jetzt, danach, fühlst.

WIE DIESES TOOL WIRKT

Das Wut-Tagebuch soll dir nicht dabei helfen, »Dampf abzulassen«, denn dabei würdest du dich nur noch mehr in deine Wut hineinsteigern. Stattdessen soll es dich darin unterstützen, die Ursache deiner Wut beziehungsweise deines Streits oder deines Konflikts aufzudecken und zu erkennen, was dahintersteckt. Welches Bedürfnis von dir wurde missachtet? Oder warum hast du dich missverstanden gefühlt?

Durch das Wut-Tagebuch lässt du nicht Dampf ab, sondern du betrachtest eine Situation genau.

So kannst du Zusammenhängen auf die Spur kommen und dadurch auch eine Lösung für die aktuelle Situation und für künftige Situationen finden.

DURCH ABSTAND WIRD ALLES KLARER

Indem du aufschreibst, was geschehen ist und welche Gefühle das in dir hervorgerufen hat, gewinnst du mehr Abstand zu der Situation und kannst alles aus einem anderen Blickwinkel betrachten. Das bedeutet nicht, dass du beispielsweise einer anderen Person recht gibst, aber du kannst erkennen, dass es verschiedene Sichtweisen auf ein Geschehen gibt. Indem du eine andere Sichtweise nachvollziehst, wird es dir weniger schwerfallen, zu vergeben, und durch Vergebung kannst du eher wieder in ein emotionales Gleichgewicht gelangen.

KURZ UND KNAPP

- Wut hilft dir, für dich, deine Ziele und deine Bedürfnisse einzustehen.
- Wut kann dir zeigen, dass eine Veränderung nötig ist.
- Deine Wut zu unterdrücken ist mit großer Anstrengung verbunden.
- Unterdrückte Wut ist purer Stress für deinen Körper und kann zu vielen psychischen und körperlichen Beschwerden führen.
- Die körperlichen Reaktionen bei Wut sollen dich dabei unterstützen, anzugreifen oder dich verteidigen zu können.
- Wut sollte weder unkontrolliert herausgelassen noch unterdrückt werden.
- Da wir bei Wut oftmals impulsiv reagieren, ist ein wichtiger erster Schritt, durchzuatmen und Abstand zu gewinnen.
- Hinter Wut können sich auch andere – primäre – Gefühle verstecken. Du kommst diesen auf die Spur, indem du dein Bedürfnis im Wut-Moment wahrnimmst.
- Verletzte Menschen verletzen Menschen. Besonders dann, wenn eine Wunde nicht verheilt ist, kann es Wut auslösen, die Wunde erneut zu berühren.
- Das Schütteln deines Körpers kann dir helfen, Anspannung und dadurch auch Wut loszuwerden.

Trauer – das Gefühl, das dir deinen Weg weist

Jede Person, die schon einmal um einen geliebten Menschen getrauert hat, weiß, dass Trauer ein sehr intensives Gefühl sein kann. Es kann sich so anfühlen, als würde es nie mehr aufhören und dich schier erdrücken. Obwohl es dabei stets um einen Verlust und den Umgang damit geht, ist Trauer nicht gleich Trauer: Jeder Trauerweg ist individuell. Unser Leben ist geprägt von Dingen, die kommen, aber auch wieder gehen. Seien es Menschen, Erfolge, Gesundheit, Kompetenzen und vieles mehr. Je nach Verlust kann die Trauer unterschiedlich stark empfunden werden.

DIE HERAUSFORDERUNG BEI DER TRAUER

In dem Prozess, mit dem Verlust eines geliebten Menschen umgehen zu lernen, ist es für viele Menschen bereits äußerst herausfordernd, die Trauer überhaupt zuzulassen. Sie sind davon überzeugt beziehungsweise folgen instinktiv zu ihrem eigenen Schutz der Überzeugung, »funktionieren« zu müssen, sodass sie es erst gar nicht zulassen, in den Trauerprozess zu kommen. Doch Trauer weist uns den Weg und ist wichtig dafür, einen Verlust in das Leben zu integrieren. Ereignisse, die eine große Bedeutung für dich haben, wie der Tod einer geliebten Person oder der Bruch einer wichtigen Beziehung, dürfen, ja, sollten ausreichend betrauert werden. Du darfst weinen, du darfst wütend sein, du darfst dir Zeit lassen und dir Zeit nehmen.

WANN TRAUER AUFKOMMT

Trauer kommt auf, wenn wir etwas verloren haben. Eine geliebte Person, weil sie gestorben ist, eine Lebenspartnerin oder einen Lebenspartner infolge einer Trennung, die Gesundheit infolge einer schlimmen Erkrankung.

Trauer kann durch den Tod einer geliebten Person und viele andere Arten von Verlust ausgelöst werden.

Trauer kann aber auch aufkommen, wenn du durch einen Freund oder eine Freundin zurückgewiesen wirst oder auch deine Selbstachtung verlierst, weil du beispielsweise zum zigsten Mal dein Ziel nicht erreicht hast.

EINE ERINNERUNG

Trauer kann außerdem durch etwas ausgelöst werden, das in uns Erinnerungen wachruft. So kann dich ein Lied im Radio plötzlich an eine verflossene Liebe oder das Parfüm einer vorbeilaufenden Person an deine verstorbene Großmutter erinnern. Auch eine aktuelle Situation kann an einen alten Schmerz erinnern und dadurch Trauer auslösen. Wichtig für dich ist es, deine Reaktionen nachvollziehen und einordnen zu können, damit du der Situation und deinen Bedürfnissen entsprechend handeln kannst.

WOBEI DEINE TRAUER DIR HILFT

Trauer kommt uns oft als etwas Unangenehmes und Schreckliches vor, das wir unbedingt vermeiden wollen. Dann setzen wir – meist unbewusst – Verdrängungsstrategien ein, sind beispielsweise ständig unterwegs oder konsumieren Alkohol und Drogen oder andere schädliche Dinge. Dabei dient deine Trauer vor allem der Verarbeitung des Verlusts, sei er kürzlich eingetreten oder durch eine Erinnerung wieder wachgerufen. Dieser Prozess braucht Zeit. Währenddessen werden deine Gefühle geordnet und du gewöhnst dich allmählich an die neue Lebenssituation. Deine Trauer hilft dir auch dabei, Trost und Hilfe zu suchen und zu finden.

ICH BRAUCHE HILFE

Viele Trauernde schämen sich für ihre Trauer und halten sie für eine Schwäche. Statt um Hilfe zu bitten, ziehen sie sich zurück, wollen niemandem zeigen, dass sie traurig und erschöpft sind. Dabei ist es wichtig, in der Trauer nicht allein zu sein. Tausche dich mit jemandem über deine Situation und deine Gefühle aus, sprich möglichst offen aus, was du brauchst. Falls du noch keinen Zugang zu deinen Bedürfnissen hast und nicht genau weißt, was dir guttun würde, dann äußere dies genau so. Denn nicht nur du kannst mit deiner Trauer überfordert sein, sondern auch deine Mitmenschen. Deine Offenheit hilft ihnen, dir zu helfen.

WORAN DU TRAUER ERKENNST

MÖGLICHE KÖRPERLICHE REAKTIONEN

- Deine Stimme wird sanfter und tiefer.
- Deine Augenbrauen ziehen sich über der Nasenwurzel in die Höhe.
- Deine Augen werden feucht oder füllen sich mit Tränen.
- Du sinkst in dich zusammen, fühlst dich schwer und bewegst dich eher langsam.
- Deine Augenlider werden schwer.
- Deine Kehle schnürt sich zu. Du spürst einen Kloß im Hals.
- Du hast ein dumpfes Gefühl in der Magengegend.
- Du verspürst diffuse Schmerzen oder vielleicht Schmerzen im Herz.

MÖGLICHE WEITERE ANZEICHEN

Konzentrationsprobleme, Schlaflosigkeit (Ein- und Durchschlafprobleme) und Albträume, veränderter Tag-Nacht-Rhythmus, Gedächtnislücken, Dünnhäutigkeit und Empfindlichkeit, Gedankenkarussell. Du lebst in der Vergangenheit, du empfindest Schuld und/oder Scham. Es fühlt sich an, als würde das Leben nicht weitergehen. Du fühlst dich wie versteinert, blockiert, verlassen, erschöpft, verzweifelt, untröstlich, als würde die Zeit stillstehen, in einem Schockzustand, in Watte oder unter einem Schleier.

MÖGLICHE GEDANKEN

»Ich halte das nicht aus«, »Es zerreißt mir das Herz«, »Es tut so weh«, »Ich kann das nicht mehr«, »Warum habe ich das nicht kommen sehen?«, »Es tut mir so leid«, »Warum habe ich nicht dieses und jenes getan?«.

MÖGLICHES VERHALTEN

Du ziehst dich zurück und meldest dich bei niemandem mehr. Du möchtest allein gelassen werden und deine Ruhe haben. Du verbringst viel Zeit in deinem Bett. Veranstaltungen oder Treffen verlässt du früher, da du andere Menschen kaum aushältst.

TRAUER UND ERSCHÖPFUNG

Vielleicht ist dir schon einmal aufgefallen, dass du dich erschöpft gefühlt hast, als du getrauert hast. Dies ist eine normale Reaktion deines Körpers und dient als Selbstschutz. Wenn du also unterwegs bist und merkst, dass dich ein Gespräch stark ermüdet oder dir eine Situation einfach zu viel wird, dann gehe diesen Empfindungen nach und ziehe dich zurück. Diese Erschöpfung ist ein deutlicher und wichtiger Hinweis, dass du mehr Ruhe zum Trauern brauchst. Das Trauern braucht Zeit, du bestimmst, wie lange, und wägst immer wieder ab, was in einem bestimmten Moment geht und was nicht.

TOOL #35

DIE KRAFT DER WÖRTER

ANGST

TRAUER

Dauer: einmal zur Einrichtung 10–15 Minuten, Anwendung im Vorbeigehen
Strategie: Aufmerksamkeitskontrolle (Ablenkung)
Wirksamkeit: kurz- und langfristig
Körperebene: Gedanken
Was du benötigst: Klebezettel

MACH DAS, WENN …

Vielleicht fühlst du dich traurig, bist enttäuscht oder hättest gerne eine bestimmte Sache anders gemacht. In solchen Momenten neigen wir zu Selbstkritik: »Was soll das denn?«, »Kannst du es nicht besser oder willst du nicht?« Oder wir verurteilen unser Gefühl, unsere Verfassung und spielen sie vor uns selbst herunter: »Nimm dich doch einfach zusammen«, »Warum bist du so schwach?« oder »Jetzt reicht es aber langsam«. Dabei würde es so guttun, liebevolle Worte zu hören oder zu lesen. Mit diesem Tool baust du solche liebevollen Äußerungen gegenüber dir selbst in dein Leben ein.

SO GEHT'S

- Denke dir einige positive Affirmationen und liebe Worte aus, die dich unterstützen. Beispiele: »Du bist gut so, wie du bist«, »Heute hast du schon sehr viel sehr gut gemacht«, »Du bist stark«, »Heute ist DEIN Tag!«.
- Schreibe nun jede positive Äußerung auf einen Klebezettel.
- Verteile die Klebezettel überall in deiner Wohnung, in deinem Zimmer, in der Küche, im Bad.
- Lies jedes Mal, wenn du an so einem Zettel vorbeiläufst, die Affirmation; vielleicht sprichst du sie sogar laut aus.

TOOL #36

DEIN KLEINER HELFER

ANGST

TRAUER

Dauer: einmal zur Einrichtung 5–30 Minuten, Anwendung so lange du möchtest
Strategie: Aufmerksamkeitskontrolle (Ablenkung)
Wirksamkeit: kurzfristig
Körperebene: Gedanken
Du benötigst: einen Gegenstand

MACH DAS, WENN …

Wenn du dich traurig oder unsicher fühlst – allgemein oder auch in einer bestimmten Situation – soll dich (d)ein kleiner Helfer an eine bestimmte Fähigkeit erinnern wie beispielsweise Mut, Zuversicht, Hoffnung, Stärke, Durchhaltevermögen oder Ähnliches, die dir beim Lösen einer Aufgabe oder bei einer schwierigen Situation helfen könnte. Du kannst auch mehrere Helfer haben, die je für eine bestimmte Fähigkeit stehen.

SO GEHT'S

- Was soll dein kleiner Helfer sein? Wähle ihn selbst aus: Du kannst irgendetwas nehmen, es sollte nur klein sein und gut in deine Hosentasche passen: ein Stein oder Edelstein, eine Muschel, eine Kastanie, eine Feder, ein Schlüsselanhänger, eine Figur, eine Murmel. Vielleicht entscheidest du dich für etwas Selbstgebasteltes, ganz wie du magst.
- Lade dann den Gegenstand positiv auf, indem du ihn in deiner Hand hältst und dir alle positiven und guten Dinge vorstellst, die dir nun einfallen. Nimm dir Zeit dafür.
- Ab jetzt kannst du den Gegenstand immer, wenn du das Gefühl hast, Unterstützung zu benötigen, hervorholen. Denke dann auch wieder an all die positiven und schönen Dinge.

TOOL #37

AUFTANKEN

ANGST TRAUER

Dauer: einmal zur Einrichtung 10–20 Minuten, Anwendung so lange du möchtest
Strategie: Situation verändern
Wirksamkeit: kurzfristig
Körperebene: Gedanken
Du benötigst: Zettel

MACH DAS, WENN …

… du dich schon länger traurig oder niedergeschlagen fühlst und eine Pause von diesen Gefühlen brauchst. Du kannst damit ein angenehmes Gefühl herbeiführen.

SO GEHT'S

- Nimm dir einige Minuten Zeit und schreibe so viele angenehme Gefühle auf, wie dir einfallen. Schreibe jedes Gefühl auf einen Zettel.
- Beispiele: dankbar, begeistert, zufrieden, entspannt, freudig, vorfreudig, leicht, positiv aufgeregt, angeregt, erregt, lebendig, heiter, gelassen, befreit, ausgeglichen, beschwingt, berauscht, berührt, behaglich usw.
- Überlege dir zu jedem Gefühl, was du tun könntest, um das angenehme Gefühl entstehen zu lassen. Schreibe deine Ideen auf den Zettel.
- Beispiel: Zu »entspannt« notierst du »Massage», zu »vorfreudig« vielleicht »Verabredung mit Freundin xy».
- Wann immer du nun eines der Gefühle verspüren möchtest, nimm den Zettel hervor und führe die Idee aus.
- Du kannst, wenn du dich traurig fühlst, auch die Zettel hervornehmen und dir ein Gefühl aussuchen, das jetzt hilfreich für dich ist und du jetzt gerne haben und also herbeiführen möchtest.

TOOL #38

TRÖSTENDE MELODIEN

TRAUER

Dauer: 5–20 Minuten
Strategie: Situation verändern
Wirksamkeit: kurz- und langfristig
Körperebene: Gedanken
Du benötigst: Musik

MACH DAS, WENN ...

Musik wirkt vielfältig auf uns Menschen. Sie kann unseren Herzschlag, unseren Atem sowie unseren Blutdruck verändern. Musik besitzt die Kraft, uns zu beruhigen, zu aktivieren und uns Trost zu spenden. Die Schwingungen der Töne können unser Innerstes erreichen und dadurch den Zugang zu unseren Gefühlen ermöglichen. Wenn es dir schwerfällt, loszulassen, zu weinen, deine Trauer auszuleben, unterstützt dieses Tool dich dabei, Gefühle zu empfinden. Zudem kannst du dich durch Musik besser an schöne Erlebnisse erinnern und den Verlust dadurch schrittweise in dein Leben integrieren.

SO GEHT'S

- Stelle dir eine Playlist mit traurigen Liedern zusammen. Manchen Menschen hilft es auch, sich nur ein Lied in Dauerschleife anzuhören.
- Ziehe dich dann an einen ruhigen Ort zurück, an dem du dir sicher sein kannst, dass du nicht gestört wirst. Denn wenn du das Gefühl hast, dass jederzeit jemand auftauchen könnte, wird es dir weniger gut gelingen, dich ganz der Musik zu widmen und wirklich loszulassen.
- Nicht immer klappt es beim ersten Mal. Manchmal braucht es mehrere Wiederholungen. Denke bitte daran: Das ist normal und auch okay.

TOOL #39

KOMM IN AUF-BEWEGUNG

TRAUER

Dauer: 1–5 Minuten
Strategie: Reaktionskontrolle (Anspannung und Entspannung)
Wirksamkeit: kurzfristig
Körperebene: ganzer Körper

MACH DAS, WENN …

Bewegungen, die dich innerlich hochbringen, wieder nach oben, nenne ich Auf-Bewegungen. Sie können dir helfen, wenn sich dein Körper schwer und träge anfühlt und dich wortwörtlich herunterzieht. Es gibt viele Möglichkeiten, wie du solche Auf-Bewegungen gestalten kannst.

SO GEHT'S

› Option 1: Stelle Musik an und bewege dich dazu. Du kannst tanzen oder dich nur mit der Musik wiegen, ganz wie du magst. Nimm dabei die Arme nach oben.
› Option 2: Hebe deine Arme über deinen Kopf, indem du sie mit viel Schwung nach oben schwingst. Halte sie einen Moment oben, schüttle sie kurz über deinem Kopf aus und lass sie dann langsam wieder sinken.
› Option 3: Führe mehrmals hintereinander eine La-Ola-Welle durch. Du kannst dazu passende Geräusche machen, um den Effekt zu erhöhen.
› Option 4: Stelle dich auf die Zehenspitzen, strecke die Arme hoch über deinen Kopf und versuche dann, die Kirschen zu pflücken, die (vorgestellt) hoch über dir so lecker einladend am Ast hängen.

TOOL #40

HINTER DIR LASSEN

ANGST WUT TRAUER

Dauer: 2–5 Minuten
Strategie: Aufmerksamkeitskontrolle (Imagination)
Wirksamkeit: kurzfristig
Körperebene: Gedanken

MACH DAS, WENN ...

Es gibt manchmal Tage, an denen dich deine Gefühle zu erdrücken scheinen. Du meinst dich im Kreis zu drehen und fühlst dich immer schlechter. Wenn du einen Teil deiner Gefühle hinter dir lassen möchtest – und sei es wenigstens für ein paar Minuten oder Stunden – dann probiere diese Übung aus.

SO GEHT'S

› Stelle dir gedanklich vor, wie du an einen weit entfernten Ort gehst. Beispielsweise irgendwo hoch in den Bergen, tief im Ozean oder in einer Pyramide.
› Nun packst du deine unangenehmen Gefühle in eine Kiste, verschließt sie gut und lässt sie dann hinter dir: Du läufst, schwimmst oder fliegst einfach davon. Weg von diesen schmerzhaften Gefühlen. Wichtig: Drehe dich dabei nicht um, sondern entferne dich, ohne zurückzuschauen, immer weiter von dieser Kiste.
› Sobald die Zeit gekommen ist und du deine Gefühle näher betrachten und sie verarbeiten möchtest, wirst du den Weg zu diesem Ort wiederfinden. Wenn du Angst hast, sie nicht wiederzufinden, kannst du dir gedanklich eine Markierung an diesem Ort oder auf dem Weg machen.

TOOL #41

DER BRIEF

ANGST WUT TRAUER

Dauer: 10–60 Minuten
Strategie: Situation verändern
Wirksamkeit: kurz- und langfristig
Körperebene: Gedanken
Du benötigst: Papier und Stift

MACH DAS, WENN …

Schreibe einen Brief, wenn dir das Gefühl zu schaffen macht, dass etwas Wichtiges nicht ausgesprochen worden ist und du es der betreffenden Person nicht mehr sagen kannst. Das kann ein Brief an eine verstorbene Person oder eine verflossene Liebe o. Ä. sein. Der Brief ist nur für dich gedacht, nicht dafür, dass du ihn der Person schickst. Das Aufschreiben soll dir dabei helfen, deine Gedanken und Gefühle zu der Person und dem Erleben mit ihr zu ordnen.

SO GEHT'S

- Schreibe auf ein Blatt Papier oder Briefpapier alles auf, was dir wortwörtlich auf der Seele brennt. Nimm dir genügend Zeit dafür.
- Wenn du den Brief beendet hast, kannst du ihn verbrennen, vergraben oder an einem sicheren Ort aufbewahren. Das Entsorgen des Briefes kann sich zusätzlich befreiend anfühlen. Falls du jedoch das Gefühl hast, den Brief irgendwann wieder lesen zu wollen, kannst du dich auch für die dritte Option entscheiden.
- Wenn es gewisse Dinge gibt, die nicht geklärt werden konnten, kannst du dir in einem zweiten Schritt vorstellen, dass die Person auf deinen Brief antwortet, und dann kannst du wiederum auf ihren Brief antworten.

TOOL #42

TRAUER-TAGEBUCH

TRAUER

Dauer: 5–20 Minuten
Strategie: Kognitive Umbewertung (Reflexion)
Wirksamkeit: kurz- und langfristig
Körperebene: Gedanken
Du benötigst: ein Notizheft oder dein Smartphone zum Aufschreiben

MACH DAS, WENN …

In der Trauer kommt eine Vielfalt von Gefühlen und Gedanken auf. Sie können dich vollkommen einnehmen und oft kann es sich anfühlen, als würde die Trauer dich überhaupt nicht mehr loslassen. Das tritt wahrscheinlich durchaus nicht nur in den ersten Wochen auf, sondern auch später immer wieder. Dein Trauer-Tagebuch hilft dir, zurechtzukommen.

SO GEHT'S

- Suche dir ein schönes Notizbuch aus oder nutze dein Smartphone zum Tagebuchschreiben.
- Schreibe regelmäßig, vielleicht jeden Tag zur selben Uhrzeit oder jedes Wochenende zur selben Tageszeit, sodass du dich daran gewöhnst.
- Beginne immer mit demselben Einstieg. Dadurch können sich dein Körper und dein Verstand bereits auf die Übung einstellen; sie wissen, was danach folgt. Du kannst beispielsweise stets damit anfangen, was du heute gemacht hast oder wie das Wetter war.
- Danach schreibe einfach auf, was dir in den Sinn kommt. Wie ist es dir heute ergangen, was hast du gefühlt, was hast du gedacht? Du entscheidest, worüber du schreiben und worüber du heute nicht schreiben möchtest.

WIE DIESES TOOL WIRKT

Das regelmäßige Schreiben hilft dir, deine Gedanken und Gefühle besser zu verstehen und sie auch einzuordnen, und das ist hilfreich dabei, deinen Verlust mehr und mehr in dein Leben zu integrieren.

Indem du Tagebuch schreibst, ordnest du dein Innenleben.

Wenn du deine Gedanken und Gefühle nicht sortierst, kann dies dazu führen, dass dir gewisse Dinge immer wieder »auf die Füße fallen», weil du sie nicht verarbeitet hast und sie daher immer wieder auftauchen.

JEDES MEDIUM IST GEEIGNET

Wenn du es gerne klassisch magst, nimmst du für das Tagebuchschreiben ein kleines Buch oder Heft. Das Schreiben von Hand hat den zusätzlichen positiven Effekt, dass es vergleichsweise lange dauert und dein Gehirn somit mehr Zeit zum Verarbeiten und Einordnen hat. Du kannst deine Gedanken und Gefühle aber auch auf deinem Smartphone, Tablet oder Laptop aufschreiben. Oder du sprichst sie in dein Smartphone; es gibt einige Apps dafür.

Alles ist möglich, probiere die verschiedenen Wege aus, sodass du die für dich am besten geeignete Form findest, die, in der du dein Tagebuch gerne führst.

WANN, WIE LANGE UND SO OFT DU MÖCHTEST

Viele Menschen beginnen kein Tagebuch, weil sie der Meinung sind, man müsse täglich einen Eintrag machen und dieser müsse sehr lang und detailliert sein. Aber nein, so ist es nicht, es ist ja DEIN Tagebuch! Du führst es genau so, wie du es möchtest. Du möchtest nicht täglich etwas aufschreiben und halbe Romane sind dir zu viel? Dann schreibe eben alle paar Tage oder einmal in der Woche und halte es einfach und kurz. Gut ist, was für dich gut ist! Denn dann bleibst du dabei, und das ist besser, als wenn du dich zu irgendwas zwingst und schon bald wieder damit aufhörst, weil es dir zu viel wird.

EIN GUTER PLATZ IN DEINEM LEBEN

Der Schlüssel zum Tagebuchführen ist eine gewisse Regelmäßigkeit, sodass es zur Routine für dich werden kann. Überlege dir gut, welche Uhrzeit und, falls du eher dazu neigst, einmal wöchentlich zu schreiben, welcher Tag für dich am besten passt. Plane dir dann Zeit für dein Tagebuch ein, genau so, wie du Zeit für eine Verabredung oder irgendeine Aufgabe einplanst. Gib deinem Tagebuch einen guten Platz in deinem Leben. Und auch, wenn du dann »nur« einen Satz hinschreibst, hilft dir das, deine Gewohnheit aufzubauen und dir dieses Power-Tool zum Ordnen deiner Gedanken und Gefühle anzueignen.

TOOL #43

VORBEIZIEHEN

ANGST

WUT

TRAUER

Dauer: 2–3 Minuten
Strategie: Aufmerksamkeitskontrolle (Imagination)
Wirksamkeit: kurzfristig
Körperebene: Gedanken

MACH DAS, WENN …

Dieses Tool hilft dir, wenn dein Kopf voller Gedanken ist und du diese Gedanken gerne loslassen möchtest, um endlich wieder ein bisschen durchatmen zu können. Du kannst die Übung auch durchführen, wenn ein Gefühl gerade zu viel Platz in deinem Kopf und Körper eingenommen hat und du einen Teil dieses Gefühls gerne loslassen möchtest.

SO GEHT'S

- Atme einige Male tief ein und wieder aus.
- Stelle dir dann beim nächsten Ausatmen vor, wie du deine Sorgen, negativen Gedanken und unangenehmen Gefühle wie kleine Blubberblasen aus deinem Mund ausatmest.
- Beobachte, wie jede Blubberblase davonzieht, immer weiter weg.
- Schaue ihnen weiterhin nach und sieh, wie sie irgendwann ganz verschwinden.

Probiere diese Übung öfter einmal aus, wenn du allein bist. Du wirst feststellen, wie gut sie wirkt und dass du dich darauf verlassen kannst. So kann sie für dich auch zu einem Joker werden, wenn du im Beisein anderer Menschen Gedanken und/oder Gefühle von Trauer, Angst oder Wut in den Griff bekommen möchtest.

TOOL #44

VERABREDUNG MIT DER TRAUER

TRAUER

Dauer: 5 Minuten – ein ganzer Tag
Strategie: Situation verändern
Wirksamkeit: kurz- und langfristig
Körperebene: Gedanken, Sinne und ganzer Körper

MACH DAS, WENN …

Trauernde bekommen leider oft Sätze zu hören, die gar nicht weiterhelfen, etwa: »Das Leben geht weiter« oder »In einem Jahr sieht alles ganz anders aus«. Das passiert, weil Menschen helfen wollen, aber selbst hilflos sind. Wenn du all so etwas nicht mehr hören magst, zu viel auf dich einströmt und du dir Zeit für dich und deine Gedanken und Gefühle wünschst, helfen dir Verabredungen mit deiner Trauer, Schritt für Schritt den Verlust zu begreifen und in dein Leben aufzunehmen.

SO GEHT'S

- Trage in deinem Kalender Stunden und/oder Tage ein, wann du dich deiner Trauer widmest.
- Überlege dir, was du dann machen möchtest: etwa einen Brief schreiben, das Grab besuchen, eine Kerze anzünden, Lieblingsmusik hören usw.
- Halte diese Verabredungen ebenso ein wie Termine mit anderen Menschen. Denn so musst du nicht unentwegt an deine Trauer denken, sondern du kannst die Gedanken und Gefühle auf eure Verabredung vertrösten.
- Überlege nach jeder Verabredung: Was hat funktioniert, was möchtest du beibehalten, was nicht? Bleibe offen für Veränderungen, denn im Laufe der Zeit werden sich auch deine Bedürfnisse verändern und das ist gut so.

TRAUER BRAUCHT ZEIT

Viele Trauernde fühlen sich durch ihr Umfeld und sogar ihnen nahestehende Personen unter Druck gesetzt, schnell wieder zur »Normalität« zurückkehren zu müssen. Das geschieht oft durch unbedachte, unpassende Bemerkungen oder auch gut gemeinte Einladungen zwecks Ablenkung von der Trauer. Doch Trauer und Schmerz brauchen Zeit. Bei jeder Person sieht der Prozess ein bisschen anders aus. Nicht deine Mitmenschen bestimmen, was »normal« und »richtig« ist, sondern nur du bestimmst darüber.

DEINE TRAUER BAHNT DIR DEINEN WEG

Hast du schon einmal von sogenannten Trauerphasen gehört, in denen bestimmte Aufgaben für Trauernde anstehen? Lass dich davon nicht unter Druck setzen, etwas machen zu müssen. Solche Modelle können dir aber zeigen, dass es etliche ganz normale und wichtige Reaktionen auf einen Verlust gibt, die auch bei dir auftreten können.

Trauer ist höchst individuell und verläuft wellenartig.

Deine Trauer kann in Wellen verlaufen, es wird wohl ein Auf und Ab geben. Ansonsten bahnt dir Trauer deinen individuellen Weg. Höre auf deine Gedanken und Gefühle und gehe Schritt für Schritt weiter.

KURZ UND KNAPP

- Es gibt zwei Herausforderungen bei der Trauer. Es ist wichtig, die Trauer zuzulassen und den Verlust in das Leben zu integrieren.
- Der Tod einer nahestehenden Person, ein Beziehungsabbruch, aber auch der Verlust deiner Gesundheit, ein Misserfolg und vieles mehr können Trauer auslösen.
- Die Trauer dient in erster Linie der Verarbeitung eines Verlusts.
- Jeder Trauerprozess verläuft in seinem eigenen Tempo. Man kann ihn nicht beschleunigen.
- Trauer teilt deinem Umfeld mit, dass du Hilfe und Unterstützung brauchst. Vielen Trauernden fällt es schwer, diese auch anzunehmen.
- Die Erschöpfung im Rahmen der Trauer dient dir als Selbstschutz. Dadurch belastest du dich weniger und dein Körper und dein Geist können die Energie für die Verarbeitung deines Verlusts verwenden.
- Schreiben hilft dir dabei, deine Gedanken und Gefühle zu sortieren und besser zu verstehen.
- Oftmals muss man sich aus dem Umfeld anhören, wie lange Trauer »normalerweise« dauert. Doch nur du allein entscheidest, wie lang dein Trauerprozess dauert.

Gefühle im Gleich-gewicht

Unsere Gefühle können von vielen Dingen positiv wie auch negativ beeinflusst werden. Manchmal ist es gar nicht so einfach, herauszufinden, warum die Gefühle an gewissen Tagen Achterbahn fahren und an anderen Tagen wiederum komplett im Gleichgewicht sind. Dabei spielen unterschiedliche Faktoren eine Rolle und das bedeutet: Es gibt einige Stellschrauben, an denen du drehen kannst, um deine Gefühle positiv zu beeinflussen.

Im Folgenden stelle ich dir einige dieser Einflussbereiche vor. Ich möchte dir ans Herz legen, nicht alles auf einmal zu lesen. Sondern nimm dir die Zeit, zu den verschiedenen Themen zu überlegen, welche Rolle sie bisher in deinem Leben spielen und ob du etwas darin ändern möchtest und falls ja, was du ab wann anders machen möchtest.

VERÄNDERUNGEN BRAUCHEN ZEIT

Dein Körper und dein Geist brauchen Zeit, um sich (wieder) in ein gesundes Gleichgewicht zu bringen. Wenn du eine Gewohnheit verändern möchtest, gehe schrittweise vor, denn radikale Veränderungen können leicht dazu führen, dass du es nicht lange durchhältst und das neue Tun wieder sein lässt und in die alte Gewohnheit zurückfällst. Eine gute Chance für erfolgreiche Veränderung eröffnest du dir, wenn du eine alte Gewohnheit nicht einfach versuchst, abzustellen, sondern durch eine gesündere Alternative ersetzt.

POSITIVE PSYCHOLOGIE: WAS DIR HILFT, BEVOR ES DIR NICHT GUT GEHT

Seit einiger Zeit greift die Positive Psychologie Raum. Im Zentrum stehen nicht mehr »nur« die Entstehung und Behandlung psychischer Störungen, sondern das Ziel ist, vorhandene angenehme Gefühle zu vermehren und den Personen ihre Stärken und Ressourcen zugänglich und nutzbar zu machen. Statt darauf zu warten, dass du krank wirst, wird deine psychische Gesundheit proaktiv, also ehe du erkrankst oder dir etwas zustößt, das dich aus der Bahn wirft, unterstützt. Dafür wird der Fokus auf Faktoren gelenkt, die dein Wohlbefinden positiv beeinflussen können, etwa deine Ressourcen, Dankbarkeit, Achtsamkeit und Selbstfürsorge. Auf den folgenden Seiten erfährst du mehr darüber.

DER KLEINE, ABER WICHTIGE UNTERSCHIED

Bei der Positiven Psychologie geht es darum, dein Wohlbefinden durch angenehme Gefühle zu steigern. Das bedeutet aber nicht, dass du dich nun permanent mit angenehmen Gefühlen beschäftigen und unangenehme Gefühle verdrängen oder ablehnen sollst. Denn verdrängte Gefühle können, wie bereits ausgeführt, nicht verarbeitet werden und werden dich früher oder später auf die eine oder andere Art belasten. Zudem haben ja auch unangenehme Gefühle ihre Berechtigung.

Wir legen immer mehr den Fokus darauf, unseren Körper zu stärken und aufzubauen. Dasselbe können wir für unsere Psyche tun.

DEINE RESSOURCEN: ALLES, WAS DICH STÄRKT

Deine Ressourcen umfassen alles, was dir in irgendeiner Weise hilft, dich voranbringt oder guttut. Dies können dir wichtige Menschen oder Tiere sein. Dies können aber auch positive Erinnerungen, Träume und Wünsche, erreichte Ziele und bewältigte Herausforderungen, bestimmte Orte, Lieder, Bilder, materielle Dinge und ebenso deine Talente, Fähigkeiten und Charaktereigenschaften sein.

DEIN RESSOURCEN-ABC

Erstelle dein ABC an mehreren Tagen, um einen möglichst großen Effekt zu erzielen.

Lege auf einem Blatt Papier drei Spalten für Buchstabe, Ressource und Situation an.

Wähle einen Buchstaben aus dem Alphabet aus und schreibe dazu mindestens drei Ressourcen auf, die dir in den Sinn kommen. Mache dich dafür in den unterschiedlichsten Lebensbereichen auf die Suche: in der Familie, deinem Kollegenkreis, deiner Arbeit, beim Sport, bei deinen Hobbys usw.

Schreibe dann in die dritte Spalte eine Situation, in der du diese Ressource erlebt hast.

Du kannst dich anhand der Liste jederzeit wieder in eine solche Situation hineinversetzen und dadurch diese Ressource aktivieren.

ACHTE AUF DEIN WOHLBEFINDEN UND DEINE ZUFRIEDENHEIT

Durch das Ressourcen-ABC legst du deinen Fokus auf deine Stärken und Talente, die womöglich zum Teil in Vergessenheit geraten sind. Wenn du weißt, was du gut kannst und was dir guttut, und dir das vor Augen führst, kann dies dein Wohlbefinden und deine Zufriedenheit erhöhen. Durch regelmäßige Wiederholungen kannst du dir ein emotionales »Polster« aufbauen.

HAB GUTEN MUT!

Dir deine Ressourcen in Erinnerung zu rufen und zu verdeutlichen, kann dir Mut für eine bestimmte herausfordernde Situation machen. Indem du deine Ressourcen aufrufst, stärkst du dein Selbstvertrauen und Selbstwertgefühl. Zugleich aktivierst du deine Bereitschaft und Zuversicht, eine Lösung für ein Problem finden und umsetzen zu können.

«MIR FÄLLT ES SCHWER, MEINE RESSOURCEN AUFZUZÄHLEN«

Wenn du keinen Anfang für dein Ressourcen-ABC findest, kannst du dir überlegen, was für Ressourcen eine dir wichtige Person nennen würde oder stelle ihr diese Frage. Du kannst auch im Internet eine Ressourcenliste aufrufen und die dir entsprechenden Ressourcen heraussuchen.

DANKBARKEIT PRAKTIZIEREN: WEIL ES DIR GUTTUT

Unser Gehirn ist von Natur aus so »verdrahtet«, dass es ständig nach Bedrohungen und negativen Dingen sucht. Ursprünglich war dies ein Überlebensmechanismus, durch den Gefahren aller Arten wie Säbelzahntiger und giftige Schlangen rechtzeitig entdeckt wurden. Heutzutage ist dieser Mechanismus nur selten nützlich, aber er kann dich anfällig für Depressionen, Stress und Ängste machen, wenn du ihm seinen wilden ursprünglichen Lauf lässt. Eine Möglichkeit, den Mechanismus auszuhebeln, ist das Praktizieren von Dankbarkeit. Deinen Fokus auf die guten Dinge in deinem Leben zu lenken, hilft dir nachweislich dabei, deine Stimmung zu verbessern und dein Wohlbefinden zu steigern.

WOFÜR ICH DANKBAR BIN

Schreibe jeden Tag drei Dinge auf, für die du dankbar bist. Das können große, aber auch kleine Gegebenheiten oder Ereignisse sein: deine Gesundheit, der Besuch eines lieben Menschen, ein Lob, ein gemeinsames Lachen.

Du kannst es jeden Tag in dein Tagebuch eintragen. Oder du schreibst es dir jeweils gleich in dem Moment, in dem du Dankbarkeit empfindest, auf. An einem für dich schwierigen Tag kannst du dir deine früheren Einträge durchlesen, um deinen Fokus darauf zu richten.

DANKBAR FÜR DAS, WAS IST

Immer mehr, immer schneller, immer erfolgreicher. Dies wird uns von vielen Seiten als Wert suggeriert. Dabei ist besonders das, was wir bereits haben, viel wichtiger! Doch kaum haben wir ein Ziel erreicht, setzen wir uns das nächste. Wir freuen uns oft nur kurz darüber und, zack, schon ist man weitergegangen.

Wer den Blick immer nur darauf richtet, was er gerade nicht hat, wird unzufrieden, unglücklich und neidisch. Mache dir also bewusst, was jetzt gut ist.

Dankbar sein ist gesund und macht glücklich.

Eine dankbare Grundhaltung hat einen positiven Einfluss auf deine Gesundheit, auf dein Gehirn, auf deine Lebenszufriedenheit und auf deine Gefühle.

Dankbare Menschen sind optimistischer und belastbarer. Sie leiden seltener an Schlafstörungen und ertragen Stress besser.

TAG FÜR TAG DANKBAR

Mache deine Dankbarkeitsübungen täglich, lass sie eine kraftvolle Routine an jedem Tag werden. Schon bald wirst du die stärkende Wirkung deiner Dankbarkeit erfahren. und auch an schwierigen Tagen davon profitieren können.

ACHTSAMKEIT: WAHRNEHMEN, WAS DEIN INNERES DIR MITTEILT

Würden wir viele Tätigkeiten des Alltags nicht automatisch erledigen, wären wir nicht lebensfähig. Doch wir schaden uns, wenn wir den Großteil des Tages im Autopilot-Modus verbringen, ein To-do nach dem anderen erledigen und dabei vergessen, innezuhalten, in uns hineinzuhorchen, auf unsere Bedürfnisse zu achten, hinzuhören, was der Körper uns mitteilt. Dabei geschieht es schnell, dass wir wichtige Dinge verpassen. Hier setzt Achtsamkeit an, ein Konzept, das ursprünglich der buddhistischen Philosophie entstammt. Es gibt verschiedene Arten, Achtsamkeit zu praktizieren. So kannst du beispielsweise eine Tätigkeit achtsam durchführen, das heißt, du lenkst deine gesamte Aufmerksamkeit auf den gegenwärtigen Moment, auf die eine Sache, die du in diesem Moment tust.

ALLES, WAS DU WAHRNIMMST

Wir nehmen stets viel mit den Augen wahr. Bei dieser Übung konzentrierst du dich mehr auf die anderen Sinne: Stelle dich im Dunkeln oder bei Kerzenlicht unter die Dusche. Nimm das warme Wasser auf dem Körper wahr, den leichten Dampf. Wie riecht deine Seife? Wie fühlt sie sich auf dem Körper an? Nimm alles wahr, genieße diese Auszeit. Das warme Wasser aktiviert zugleich dein parasympathisches Nervensystem, was dir hilft, zur Ruhe zu kommen.

URTEILE NICHT

Ein wichtiger Aspekt bei der Achtsamkeit ist, nicht zu bewerten und nicht zu urteilen, sondern deine Gefühle und Gedanken unvoreingenommen wahrzunehmen. Das achtsame Erspüren von Gefühlen kann Einfluss auf das Fühlen selbst haben und Gefühle daher verstärken oder auch abschwächen. Sollten deine Gedanken abschweifen, ist das in Ordnung. Dann versuchst du, deine Gedanken wieder in den gegenwärtigen Moment zu lenken. Zu Beginn ist das nicht einfach; du brauchst ein bisschen Übung. Du kannst auch geleitete Körperscans (Wie fühlt sich mein Körper gerade an?) oder Meditationen zur Hilfe nehmen; im Internet findest du viele kostenlose Versionen.

TUE NICHTS

Eine andere Möglichkeit, Achtsamkeit zu praktizieren, ist, nichts zu tun. Beobachte nur deine Gedanken und Gefühle. Du kannst sie dir beispielsweise als vorbeiziehende Wolken oder ein Blatt in einem Bach vorstellen. Sie kommen näher, du siehst sie, nimmst sie wahr und sie ziehen weiter.

Achtung: Falls du in der Vergangenheit sehr schlechte oder gar traumatische Erfahrungen gemacht hast, kann diese Übung dich sehr herausfordern oder dir sogar eher schaden, als zu helfen. Dann ist die Übung »Alles, was du wahrnimmst« auf der vorherigen Seite besser für dich geeignet.

SELBSTFÜRSORGE: ALLES GUTE, DAS DU FÜR DICH TUN KANNST

Überlege einmal, was Selbstfürsorge für dich bedeutet: Was tust du für dich? Was wünschst du dir, zu tun? Und was hält dich zurück? Woran scheitert es? Sind es Gedanken wie »Dafür habe ich keine Zeit« oder »Ich bin es nicht gewohnt, gut für mich zu sorgen« oder »Selbstfürsorge ist nur etwas für andere Menschen«? Was führt bei dir dazu, dass du nicht ausreichend für dich sorgst?

Und nun tue etwas für dich: Einige Selbstfürsorgeideen findest du auf der gegenüberliegenden Seite. Fahre mit geschlossenen Augen mit deinem Finger über die Seite und bleibe irgendwo stehen. Probiere dieses heute einmal aus.

KLEINE VERÄNDERUNG = GROSSE WIRKUNG

Selbstfürsorge scheitert meistens an vielen kleinen Dingen. Oft stehen wir uns selbst im Weg. Gib dir Elan, mehr Selbstfürsorge in dein Leben zu bringen, indem du dir bewusst machst:

- Veränderungen fallen nicht vom Himmel.
- Veränderungen erfolgen in kleinen Schritten.
- Veränderungen passen in das tägliche Leben.
- Veränderungen dürfen Spaß machen.
- Veränderungen sind erlaubt.

Nimm ein BAD
Zeichne Male
Löse ein PUZZLE
LIES
ein Buch
eine Zeitschrift
schöne Nachrichten
Sprüche
Verbringe Zeit mit FREUNDEN & FAMILIE
Mach ein NICKERCHEN
Höre MUSIK
Mache Sport
Schreibe einen BRIEF
Schaue alte FOTOS durch
TANZE als würde niemand zuschauen
Verbringe Zeit in der NATUR
Erstelle ein VISION BOARD
Trinke eine Tasse TEE

SCHLAFE SO VIEL, WIE DU BRAUCHST

Guter Schlaf ist für unsere Leistungsfähigkeit, vor allem aber für unsere allgemeine psychische Gesundheit, für unser Wohlbefinden und für unser emotionales Gleichgewicht wichtig. Denn im Schlaf verarbeiten wir die Ereignisse des Tages. Die Auswirkungen von Schlafmangel auf unsere psychische Gesundheit sind weitreichend.

DEINE INNERE UHR

Es nützt wenig, zu wissen, dass ein Mensch durchschnittlich sechs bis acht Stunden Schlaf pro Nacht braucht, wenn du nicht weißt, wie viele Stunden Schlaf DU persönlich benötigst.

DEINE OPTIMALE SCHLAFDAUER

Finde heraus, welche Schlafdauer für dich optimal ist: Lege dich heute Abend erst ins Bett, wenn du wirklich müde bist, und stelle den Wecker auf deine gewohnte Uhrzeit. Dies wiederholst du nun an den nächsten sieben bis acht Tagen. Wichtig ist, morgens wirklich immer um die gleiche Uhrzeit aufzustehen. Im Verlauf der Tage wird sich dein Körper auf die richtige Uhrzeit, ins Bett zu gehen, einpendeln, da jeder Körper diesbezüglich eine bestimmte innere Uhr und somit Schlafenszeit »codiert« hat.

WIE DU DAS EINSCHLAFEN UNTERSTÜTZEN KANNST

Wenn es dir schwerfällt, abends einzuschlafen, kannst du verschiedene Dinge zur Abhilfe ausprobieren und einige Male wiederholen. Denn beim Schlaf braucht dein Körper ein wenig Routine, um sich an etwas Neues zu gewöhnen.

- Gehe stets ungefähr zur selben Uhrzeit ins Bett und stelle deinen Wecker ebenfalls stets auf dieselbe Uhrzeit (+/- 30 Minuten).
- Dein Schlafzimmer sollte ruhig, dunkel und kühl sein.
- Lege dein Smartphone eine Stunde, bevor du dich schlafen legst, weg und lies stattdessen beispielsweise ein Buch, allerdings ein beruhigendes, kein spannendes oder aufrüttelndes.
- Solltest du nach 30 Minuten nicht eingeschlafen sein, stehe auf und tue etwas Ruhiges, bis du müde wirst, und lege dich erneut schlafen.
- Unterstütze deinen Körper innerlich durch Hopfen- oder Baldriantropfen oder -tabletten, eine warme Milch mit Honig oder Schlaftee.
- Mache eine Entspannungsübung oder höre dir Gutenachtgeschichten für Erwachsene an.
- Besprühe ein Kosmetiktuch mit Lavendelspray und lege es neben dein Kissen.
- Nutze dein Schlafzimmer vor allem fürs Schlafen. Schaue keine Filme und arbeite nicht im Bett.

DEINE ERNÄHRUNG – DEINE NAHRUNG FÜR DIE SEELE

Essen beeinflusst deine Gefühle. Eine abwechslungsreiche und ausgewogene Ernährung hat Auswirkungen auf dein psychisches Wohlbefinden.

Eine ausgewogene Ernährung macht dich weniger anfällig für unangenehme Gefühle.

Um deine Psyche zu stärken und dein Wohlbefinden zu steigern, benötigst du die richtigen Nährstoffe.

DU BENÖTIGST NÄHRSTOFFREICHE LEBENSMITTEL

Grünes Gemüse, Nüsse und Bananen helfen deinem Körper, vermehrt Dopamin und Serotonin zu produzieren. Serotonin und Dopamin sind auch bekannt als »Glückshormone« und haben einen positiven Effekt auf unsere Stimmung. Nicht alle Nährstoffe, die für die Herstellung der Glückshormone zuständig sind, kann unser Körper selbst produzieren. Wir müssen sie ihm über die Nahrung zuführen. Neben Gemüse, Nüssen, Obst und Hülsenfrüchten, sind auch Omega-3-Fettsäuren (u.a. in Fisch und Leinsamen), Eisen, Kalzium, Magnesium und Selen wichtig.

ZUCKER: VORSICHT VOR ZU VIEL!

Zucker kann süchtig machen, weil er dein Belohnungssystem im Gehirn aktiviert. Nimmst du Zucker zu dir, führt dies in 15 bis 30 Minuten zu einem Energieschub, deine Stimmung hebt sich und deine Konzentration wird erhöht. Gleichzeitig gibt es aber auch einen Anstieg des Hormons Insulin, der deinen Blutzuckerspiegel wieder senken soll. Der Energieschub flaut wieder ab und du wirst unkonzentriert und nervös.

Diese Schwankungen deines Blutzuckerspiegels können auf die Psyche schlagen. Wenn du statt zu Schokolade zu einem Vollkornmüesli greifst, kannst du den negativen Effekt vermeiden, da dein Magen für die Aufnahme von Vollkornprodukten länger braucht und es deshalb keine so starken Schwankungen gibt.

FÜNF EINFACHE TIPPS FÜR EINE ERNÄHRUNG, DIE DIR PSYCHISCH GUTTUT

- Iss ausgewogen und nährstoffreich: Gemüse, Obst, Hülsenfrüchte, Nüsse.
- Nimm Vollkornprodukte zu dir, das macht übrigens auch länger satt.
- Plane für deine Mahlzeiten ausreichend Zeit ein.
- Nimm genügend Flüssigkeit zu dir, am besten ungesüßte Getränke.
- Nimm viele unverarbeitete und naturbelassene Produkte zu dir, also wenige oder keine Fertigprodukte.

SPORT: NICHT UNBEDINGT VIEL, ABER UNBEDINGT GENUG!

Bewegung ist gut für deine psychische Gesundheit und dein Wohlbefinden. Wahrscheinlich weißt du das längst und hast dies schon oft gelesen und gehört. Doch manchmal kann das Leben so hektisch sein, dass Bewegung und Sport keine Priorität darstellen und irgendwie ganz aus deinem Alltag verschwinden. Um dich erneut zu motivieren, zeige ich dir im Folgenden kurz auf, was für positive Wirkungen Sport beziehungsweise Bewegung auf unseren Körper und unsere Gefühle hat.

WAS IM KÖRPER BEI SPORT PASSIERT

Sobald du dich bewegst, schüttet dein Körper Endorphine, Dopamin und Serotonin aus. Sie sorgen unmittelbar dafür, dass du dich besser fühlst. Das Dopamin führt kurzfristig dazu, dass du wacher und konzentrierter bist, das Serotonin bewirkt, dass du dich wohlfühlst. Du erreichst dadurch auf die Dauer ein Gefühl von innerer Zufriedenheit und wirst emotional ausgeglichener. Denn durch den Sport oder die Bewegung entstehen neue Nervenverbindungen im Gehirn und alte werden gestärkt. Du erinnerst dich bestimmt an den Waldpfad-Autobahn-Vergleich im Kapitel »Angst«: Je öfter du eine Tätigkeit ausübst, desto breiter und größer wird der Weg. Dies trifft auch auf die Ausschüttung dieser Hormone zu.

STRESSHORMON CORTISOL

Cortisol wird oft auch »Stresshormon« genannt. Es übernimmt lebensnotwendige Aufgaben und macht uns kurzfristig leistungsfähiger. Wenn wir jedoch oft und/oder dauerhaft gestresst sind, wird auch dauernd Cortisol ausgeschüttet. Dies kann unter anderem zu einer verminderten Schlafqualität und Konzentrationsproblemen führen. Wenn wir den Stress jedoch mit Sport ausgleichen, wird unser Cortisolspiegel gesenkt.

WIE VIEL »MUSS« ICH MICH TÄGLICH BEWEGEN?

Vielleicht meinst du, dass du dich täglich sehr viel bewegen müsstest, damit es deine Gesundheit positiv beeinflussen würde. Nein, dem ist nicht so! Die Weltgesundheitsorganisation (WHO) empfiehlt 150 bis 300 Minuten Bewegung pro Woche bei mäßiger Anstrengung. Das sind umgerechnet knapp 21 Minuten pro Tag.

LIEBER GEMÜTLICH STATT MÄSSIG?

Wenn du statt mäßiger Anstrengung lieber gemütlich unterwegs bist, dann ist das auch absolut in Ordnung. Dadurch verlängert sich lediglich die Durchschnittsdauer einer Bewegungseinheit, aber in einem normalen Rahmen. Falls du also beispielsweise lieber spazieren gehst als zu joggen, dann solltest du das mindestens 30 Minuten am Tag tun.

DEIN GEHIRN BRAUCHT PAUSEN!

Du wartest auf die Straßenbahn und schaust auf die Uhr. »Was, noch zehn Minuten?!« Du zückst dein Handy, um noch kurz diese E-Mail zu beantworten, die im Postfach auf dich wartet. Erkennst du dich in dieser Szene wieder? So geht es vielen. Denn wir haben verlernt, einfach mal nichts zu tun und füllen fast automatisch kleine Pausen mit Dingen aus, die wir schnell noch tun können. Andernfalls würde es sich nach Zeit vergeuden anfühlen. Dabei brauchen wir Pausen, in denen wir nichts machen, nicht nur nachts im Schlaf, sondern auch tagsüber immer wieder, damit unser Gehirn Erfahrungen und Gefühle einordnen kann.

KOSTE WARTEZEITEN AUS

Wartezeiten sind also nicht unnütz oder vergeudete Zeit. Sie ermöglichen dir, deine Gedanken und Gefühle zu sortieren, kurz innezuhalten, aufzuatmen und dich auf all die Herausforderungen einzustellen, die vor dir liegen. Du kannst auch einfach kurz abschalten, nichts tun, deine Augen ein bisschen herumschweifen lassen, die Frau mit ihrem Kinderwagen oder den alten Herrn beobachten, die gerade an dir vorbeigehen. Denke daran, dass diese Wartezeiten oftmals die einzigen Momente am Tag sind, die du ganz für dich allein hast. Nutze sie nicht für das nächste To-do, sondern genieße deine kleinen Auszeiten.

KLEIN, ABER OHO

Wenn du dir über den Tag verteilt wiederholt kleine Auszeiten gönnst, ist dies äußerst förderlich. Mache dies nun einmal einige Wochen lang und du wirst erfahren, dass du immer ausgeglichener wirst. Denn dadurch wirst du aufmerksamer für dich selbst, du wirst deine Bedürfnisse besser wahrnehmen und ihnen wahrscheinlich öfter folgen. Das heißt, durch die kleine Änderung, Wartezeiten zu genießen, wirst du wahrscheinlich eine große, positive Veränderung für dich, für dein Leben herbeiführen.

AKTIV PAUSEN MACHEN

Du brauchst für deine Pausen natürlich nicht Wartezeiten abzuwarten. Baue einfach verteilt über den Tag mehrere kleine Pausen ein. Versuche, in dieser Zeit nichts oder so wenig wie möglich zu tun. Atme einige Male tief in den Bauch ein, lausche deiner Umgebung oder dehne ganz sanft deinen Nacken.

Solche Pausen müssen nicht lange dauern. Zwei, drei Minuten können bereits helfen, gedanklich und emotional wieder ins Gleichgewicht zu kommen.

Um dich daran zu gewöhnen, immer wieder Pausen einzulegen, kannst du dir zu Beginn jeweils einen Wecker für die nächste Pause stellen. Dann höre aber auch wirklich auf deinen Wecker, gönne dir deine Pause!

PRIORITÄTEN: WAS WIRKLICH WICHTIG IST

Was von den Dingen, die du erledigen musst, »musst« du tatsächlich erledigen? Und bei welchen Dingen hast du lediglich das Gefühl, sie erledigen zu müssen? Viel zu oft bürden wir uns Dinge auf, die eigentlich gar nicht sein müssten. Wir beruhigen uns mit den Worten »Ich muss nur noch schnell …« oder »Bevor ich das mache, erledige ich kurz noch …«. Dabei vergessen wir oftmals, was wirklich wichtig ist: Du, deine Liebsten, deine Gesundheit, dein Wohlbefinden, deine Zufriedenheit.

DEINE ICH-ZEIT

Weil es den meisten von uns eher schwerfällt, sich Zeit zu nehmen für die schönen Dinge, kann es hilfreich sein, diese Zeiten einzuplanen und in den Kalender einzutragen. Klingt zunächst vielleicht komisch. Probiere es aber einmal aus. Versuche, zwei, drei Male pro Monat (oder öfter) Zeit für dich und deine Bedürfnisse einzuplanen. Sei es für etwas Schönes, Lockeres, lang Ersehntes oder Spirituelles. Es kann alles Mögliche sein. Ein Picknick im Park, ein Ausflug in eine unbekannte Stadt oder du besuchst jemanden, den du schon länger nicht mehr gesehen hast. Gib dir selbst das, wonach dein Körper und deine Psyche verlangen, sodass dein Leben so wird, wie du es dir wünschst und du stimmig sein kannst mit deinen Gefühlen.

SCHLUSSWORT

»Du kannst lernen, Einfluss darauf zu nehmen, wie du in einer bestimmten Situation reagierst.« Diesen Satz hast du ganz zu Beginn des Buches gelesen. Kannst du dich noch daran erinnern, was du dazu gedacht hast? Wie denkst du nun, nachdem du bereits einige Tools ausprobiert hast, darüber? Wahrscheinlich hast du in der Zwischenzeit erfahren, dass du aktiv dein Gefühlserleben verändern kannst. Möglicherweise fühlt sich die Veränderung noch klein und kaum spürbar an, doch du hast begonnen, die eigenen Gefühle zu erkennen und zu verstehen. Und nun bist du dabei zu lernen, so mit ihnen umzugehen, dass sie dich nicht belasten, sondern dir dienen. Mit der Zeit beziehungsweise je häufiger du deine Tools einsetzt, wirst du dich immer öfter und mehr mit deinen Gefühlen wohlfühlen. Du baust mehr innere Sicherheit auf, wirst selbstbewusster und fühlst dich dadurch allgemein wohler in deiner Haut, weil du in (fast) jedem Moment weißt, was du gerade brauchst.

Ich wünsche dir von ganzem Herzen gute Fortschritte auf deinem Weg zu mehr Verständnis und auch mehr Selbstliebe dir gegenüber.

Alles Liebe, Vanessa

WEGWEISER ZU DEN TOOLS

ÜBUNG	SEITE	HILFT BEI ANGST	HILFT BEI WUT	HILFT BEI TRAUER
Bis ins kleinste Detail	22	●	●	
Was ich fühle	24	●	●	●
5-4-3-2-1	42	●	●	
Bauchatmung	46	●	●	
Deine innere Insel	50	●		
S.T.O.P.	54	●	●	
Wasser marsch	56	●	●	
Eiskalt	58	●	●	
Wechselatmung	60	●	●	●
Alles in einer Farbe	62	●	●	
Weg damit	64	●	●	●
Summ, summ, summ	66	●		
Verwurzelt	68	●		
Schmetterlingsumarmung	70	●		
Schaukel	72	●	●	●
Schutzpanzer	76	●	●	●
Gedanken entsorgen 1.0	78	●	●	●
Gedanken entsorgen 2.0	80	●	●	●
Das Gegenteil	82	●	●	●
Klopf dir Mut	84	●		
Dein sicherer Ort	88	●		
SOS	90	●		
Folge der Figur	106	●	●	
5-Finger-Übung	108	●	●	
Im Hier und Jetzt	110	●	●	
Buchstabensalat	112	●	●	
Ruhepol	114	●	●	
Kategorien-Denken	118	●	●	
Hirn-Flickflack	120	●	●	
Kraftakt	122		●	
Faust gegen Wut	124		●	
Das Haus der Gefühle	126	●	●	●
Herausschütteln	128	●	●	●
Wut-Tagebuch	132		●	
Die Kraft der Wörter	142	●		●
Dein kleiner Helfer	144	●		●
Auftanken	146	●		●
Tröstende Melodien	148			●
Komm in Auf-Bewegung	150			●
Hinter dir lassen	152	●	●	●
Der Brief	154	●	●	●
Trauer-Tagebuch	156			●
Vorbeiziehen	160	●	●	●
Verabredung mit der Trauer	162			●

QUELLEN

1. Was Gefühle sind

Ekman, P. (2010). Gefühle lesen. Wie Sie Emotionen erkennen und richtig interpretieren. Springer Verlag.

Gross, J.J., & Thompson, R.A. (2007). Emotion Regulation: Conceptual Foundations. In J.J. Gross (Hrsg.), Handbook of Emotion Regulation. The Guilford Press, 3–24.

Moors, A. (2009). Theories of emotion causation: A review. Cognition & Emotion, 23, 625–662.

Ortony, A. (2022). Are all »basic emotions« emotions? A problem for the (basic) emotions construct. Perspectives on Psychological Science, 17 (1), 41–61.

2. Angst

Chin, M.S., & Kales, S.N. (2019). Understanding mind–body disciplines: A pilot study of paced breathing and dynamic muscle contraction on autonomic nervous system reactivity. Stress and Health, 35 (4), 542–548.

Dingman, M. (2019). Your Brain, Explained: What Neuroscience Reveals About Your Brain and Its Quirks. Nicholas Brealey.

Hase, M. (2021). The structure of EMDR therapy: A guide for the therapist. Frontiers in Psychology, 12, 660–753.

Reddemann, L. (2016). Imagination als heilsame Kraft – Zur Behandlung von Traumafolgen mit ressourcenorientierten Verfahren. Klett-Cotta.

Waite, W.L., & Holder, M.D. (2003). Assessment of the emotional freedom technique. Sci Rev Ment Health Pract, 2 (1), 1–10.

3. Wut

de Almeida, J.T., & Rodrigues, G.O. (2021). Tension Trauma Releasing Exercises (TRE) regulates the Autonomous Nervous System (ANS), increases Heart Rate Variability (HRV), and Improves Psychophysiological Stress in University Students.

Pennebaker, J.W. (1997). Writing about emotional experiences as a therapeutic process. Psychological science, 8 (3), 162–166.

Rosenberg, M.B. (2005). The surprising purpose of anger: Beyond anger management: finding the gift. PuddleDancer Press.

4. Trauer

Terhorst, E. (2015). Das erste Trauerjahr: Was kommt, was hilft, worauf Sie setzen können. Herder.

Wolfelt, A.D. (2003). The journey through grief: Reflections on healing. Companion Press.

Znoj, H.J. (2009). Trauer. Psychiatrie und Psychotherapie up2date, 3 (05), 317–332.

5. Gefühle im Gleichgewicht

Diener, E. (2000). Subjective well-being: The science of happiness and a proposal for a national index. American Psychologist, 55, 34–43.

Eberle, U. (2015). Wie Essen unser Fühlen bestimmt. GEO kompakt (42).

Freund, H., & Lehr, D. (2020). Dankbarkeit in der Psychotherapie: Ressource und Herausforderung. Hogrefe.

Hofmann, S.G., Sawyer, A.T., Witt, A.A., & Oh, D. (2010). The effect of mindfulnessbased therapy on anxiety and depression: a meta-analytic review. J. Consult. Clin. Psychol. 78:169. DOI: 10.1037/a0018555

Lermer, E. (2019). Positive Psychologie. utb.

Wackerhage, H., Sitzberger, C., Kreuzpointner, F., & Oberhoffer-Fritz, R. (2021). WHO-Leitlinien zu körperlicher Aktivität und sitzendem Verhalten. Bayerisches Ärzteblatt (3), 91–93.

ÜBER DIE AUTORIN

Vanessa Graf, geboren 1991 in Bern, ist Psychologin und es ist ihr ein Herzensanliegen, die Menschen über ihre mentale Gesundheit aufzuklären. Sie betreibt den Instagram-Kanal @stigmafrei und unterstützt in ihren Onlinekursen die Teilnehmenden einfühlsam und verständnisvoll dabei, ihre Gefühle besser zu verstehen und dadurch wieder mehr Leichtigkeit in ihr Leben zu bringen. Alle Infos zum Kurs findest du auf: www.vanessagraf.ch

Nachricht an Vanessa:
Über Feedback, deine Erfahrungen mit den Tools, Kritik und Anregungen freue ich mich. Schreibe mir gerne an: info@vanessagraf.de

Vielleicht schon bis ganz bald!
Deine Vanessa